Solos de jazz blues para guitarra

Publicado por **www.fundamental-changes.com**

ISBN: 978-1-910403-69-3

Traducido por: E. Gustavo Bustos

Fundamental Changes Ltd.

www.fundamental-changes.com

Audio grabado por Pete Sklaroff

Contenido

Obtén el audio

Los archivos de audio de este libro se pueden descargar de forma gratuita en **www.fundamental-changes.com** y el enlace se encuentra en la esquina superior derecha. Sólo tienes que seleccionar el título de este libro en el menú desplegable y seguir las instrucciones para obtener el audio.

Te recomendamos descargar los archivos directamente a tu computador, no a tu tableta, y extraerlos allí antes de añadirlos a tu biblioteca multimedia. Luego, ya puedes ponerlos en tu tableta, iPod o grabarlos en un CD. En la página de descarga hay un archivo de ayuda en PDF y también ofrecemos soporte técnico a través del formulario de contacto.

Kindle/eReaders
Para sacarle el mayor provecho a este libro, recuerda que puedes pulsar dos veces cualquier imagen para verla más grande. Apaga la "visualización en columnas" y mantén tu Kindle en modo horizontal.

Todos los ejercicios melódicos y rítmicos de este libro están disponibles de forma gratuita para que puedas imprimirlos y verlos más fácilmente.

Estos ejercicios están disponibles gratis en pdf en **www.fundamental-changes.com/sightreadingpdf** para que puedas imprimirlos y ubicarlos en tu atril.

Para ver más de 250 lecciones de guitarra gratuitas con videos visita:
www.fundamental-changes.com

Twitter: @guitar_joseph
FB: FundamentalChangesInGuitar
Instagram: FundamentalChangesIntroduction

Introducción

El jazz blues es el tipo de melodía más aclamada en cualquier noche de improvisación. Su estructura ha sido utilizada para escribir cientos de estándares de jazz y, debido a su naturaleza "crossover" entre la forma estándar del blues de 12 compases y las estructuras más complejas de la música de jazz, es una de las piezas del repertorio más importantes para dominar para cualquier estudiante de guitarra de jazz.

El jazz blues es un blues de 12 compases con un par de giros y vueltas armónicas. A veces, estos giros se pueden llevar a algunos extremos bastante lejanos (por ejemplo, en el Blues for Alice de Charlie Parker). Sin embargo, en lugar de ver estas adiciones como problemas, los músicos de jazz las ven como nuevas oportunidades para ser expresivos, encontrar nuevas melodías y romper con la monotonía de la progresión estándar de 12 compases.

Los cambios de acordes de un jazz blues nos permiten alejarnos del vocabulario de la pentatónica menor, que es abundante en las melodías y solos "tradicionales" del blues. Esto no quiere decir que la escala pentatónica menor *no* se utiliza; ¡sin duda que sí se utiliza! Sin embargo, añadiendo nuevos acordes podemos llegar a nuevos arpegios, escalas y *sentimientos* que el blues de 12 compases I, IV, V, tradicional no nos permite.

Curiosamente, algunas de las adiciones armónicas jazzísticas más comunes han *regresado* al repertorio de blues estándar de 12. Comenzarás a notarlas a medida que desarrollemos la complejidad de nuestra estructura de jazz de 12 compases durante todo el libro.

De la misma manera que mis dos libros anteriores sobre solos de jazz sobre el ii V I mayor y el ii V I menor, este libro desglosa cada sección de la estructura de acordes y enseña los arpegios, las escalas, las sustituciones y los enfoques correctos que hay disponibles en cada etapa. Comenzamos por lo más simple, pero desarrollamos los principios esenciales hacia los recursos más complejos y articulados que puedes utilizar sobre cada acorde.

Este libro tiene un enfoque muy práctico en la interpretación de ideas musicales que se han desarrollado de forma natural a través de la comprensión de los principios fundamentales del jazz. Este no es simplemente un libro de teoría, constantemente verás cómo cada concepto tratado se puede utilizar para crear solos de guitarra significativos y articulados.

Gran parte de la información de este libro también es transferible a muchas otras piezas de jazz y a otros géneros musicales. Muchas de las líneas que generemos funcionarán sobre un blues de 12 compases tradicional y, por lo tanto, aprenderás algunas líneas geniales para sacar cuando estés improvisando con tus amigos.

En todo momento, el enfoque está en realizar una transición significativa desde los principios "teóricos" esenciales hacia tocar solos de guitarra de jazz musicales en el formato del blues.

Aunque no es esencial, te recomiendo que le des un vistazo a mi libro **Cambios fundamentales en guitarra jazz**, ya que prepara el terreno para muchos de los enfoques adoptados cuando se aprende a tocar solos en *cualquier* estándar de jazz.

Cambios fundamentales también entra en mucho más detalle sobre la progresión de acordes esencial de *ii V I mayor* que lo que puedo incluir aquí. Una cuarta parte del jazz blues se forma a partir de una secuencia de acordes de ii V I mayor, por lo que una buena comprensión de sus enfoques para tocar solos será una ventaja cuando trabajes con este libro.

Generalmente evito hablar de los solos en pentatónica menor, bajo el supuesto de que ya tienes una buena comprensión de su aplicación en un blues "normal". Esto no quiere decir que *no* utilices la escala pentatónica menor; sin embargo, enfocándote en aprender a tocar el blues desde una perspectiva de bebop aumentarás en gran medida tu musicalidad. Te encontrarás añadiendo ideas de la escala pentatónica menor/blues de forma natural más adelante, así que por ahora trata de no tocar casualmente la pentatónica menor en lugar de practicar.

Es importante interiorizar lentamente cada concepto y su vocabulario asociado, y asegurarte de que estés tocando notas fuertes en los pulsos fuertes. Con la construcción de esta base sólida estás desarrollando continuamente tus oídos para que puedas empezar a dejar de lado "las reglas" más tarde cuando toques solos. Comenzarás a escuchar las melodías que quieres tocar, en lugar de ceñirte a la teoría que sabes que te es permitida para tocar.

Mientras que una gran parte de este libro trata sobre enseñarte las escalas y los arpegios apropiados, intenta verlo desde una perspectiva más amplia: ver todo en este libro como un entrenamiento del oído.

La verdad es que, en realidad, no hay aciertos ni desaciertos en la música. Si suena bien, es bueno. El objetivo de este libro es darte acceso a nuevos sonidos.

Que te diviertas,

Joseph

El capítulo 1 de este libro se ocupa de la construcción y la teoría detrás de la progresión de acordes del jazz blues. Aunque espero que te resulte interesante, es un poco intenso en la teoría. Si sabes cómo y por qué se forma un jazz blues, o simplemente quieres pasar directamente a los solos, ¡estás en libertad de omitir el capítulo 1!

Todos los ejemplos de audio de este libro están disponibles de forma gratuita en

www.fundamental-changes.com/audio-downloads

No lo olvides: pulsa dos veces en cualquier imagen para verla más grande en un Kindle

Capítulo 1 – La estructura del jazz blues

Vamos a empezar por examinar cómo los músicos de jazz hicieron evolucionar el blues "estándar" de 12 compases hacia una estructura más rica y compleja usando una convención simple del jazz.

Como referencia, aquí está el blues tradicional de 12 compases en el estilo de B.B. King o Howlin' Wolf:

Ejemplo 1a:

El análisis de cada acorde con números romanos está escrito debajo del pentagrama. Acorde 1 = I, acorde 4 = IV etc.

En el jazz, es común preceder a cualquier acorde por otro acorde que esté a una quinta perfecta de distancia. Este acorde puede tener *cualquier* calidad (7, maj7, min7, etc.), pero *normalmente* es de 7ma dominante.

Esto parece complicado cuando se escribe, así que vamos a echar un vistazo a un ejemplo sencillo en la tonalidad de Bb.

Aquí hay una secuencia de acordes muy simple:

Ejemplo 1b:

En cuanto a las progresiones de acordes de jazz, es tan simple como esto.

Vamos a aplicar esta idea y a preceder al Bb7 por el acorde que está a una quinta perfecta de distancia. El acorde que está a una quinta perfecta de distancia se llama el "acorde dominante".

Cuenta a través de la escala: Bb, C, D, Eb, *F*.

El acorde que está una quinta perfecta por encima de Bb7 es F. Por ahora vamos a tocarlo como un acorde de 7ma dominante.

Agregando esto a la progresión de acordes, ahora tenemos esta secuencia de repetición:

Ejemplo 1c:

Podemos repetir el proceso y ahora añadir el acorde que esté una quinta por encima de F: es C. Esta vez vamos a tocarlo como un acorde de 7ma menor (aunque no hay ninguna razón para no tocarlo como un acorde dominante).

Ejemplo 1d:

Ahora hemos creado la secuencia de acordes más común en la música de jazz; la ii V I mayor. Cm7 es el acorde ii de Bb y F es el acorde V de Bb.

Vamos a ir un paso más allá y a añadir el acorde dominante de Cm7. El acorde dominante de Cm7 es G. Puedes contar C, D, Eb, F, *G*. Una vez más, vamos a tocar este acorde como uno de 7ma menor.

Añadiendo el Gm7, nuestra progresión de acordes ahora se ve así:

Ejemplo 1e:

Esta secuencia de acordes a menudo es conocida como la progresión I VI II V. Es otra de las progresiones bastante comunes en el jazz.

Bb7 es el acorde I, Gm7 es el acorde VI, Cm7 es el acorde ii y F7 es el acorde V.

La razón por la que elegí estas cualidades de acordes específicas es porque son las cualidades que se generan de forma *natural* cuando armonizas la escala de Bb mayor.

Si necesitas un resumen sobre esto, te sugiero que leas mi libro **Guía práctica de la teoría musical moderna para guitarristas**.

Sin embargo, por ahora vamos a recapitular rápidamente los acordes que se forman cuando armonizamos cualquier escala mayor.

Acorde I - Séptima mayor
Acorde II - Séptima menor
Acorde III - Séptima menor
Acorde IV - Séptima mayor
Acorde V - Séptima dominante
Acorde VI - Séptima menor
Acorde VII - Séptima menor b5

Te darás cuenta de que el acorde I siempre es de 7ma mayor, el acorde VI siempre es m7 (7ma menor), el acorde II siempre es m7 y el acorde V siempre es de 7ma dominante.

Este concepto se relaciona con las cualidades de los acordes del ejemplo anterior.

No obstante, en el blues rara vez se oye un acorde de 7ma mayor como el acorde fundamental del centro tonal. Esto se debe a que el sonido del blues simplemente no es de 7ma mayor. Como sabemos por la experiencia y la tradición, la mayoría de las canciones de blues se basan en un sonido de 7ma dominante o menor, en lugar de uno de 7ma mayor.

En el jazz, es totalmente aceptable cambiar la *calidad* de cualquier acorde (¡aunque tal vez quieras discutirlo con el resto de la banda primero!). Vamos a cambiar la calidad de los acordes I y VI a 7ma dominante.

Nuestra nueva progresión de acordes es la siguiente:

Ejemplo 1f:

Esta nueva progresión suena mucho más a jazz y a blues que la del ejemplo 1e.

Esta progresión no sólo suena más a blues; el hecho de que estamos utilizando acordes de 7ma dominante nos da una gama mucho más amplia de opciones para tocar solos como veremos en capítulos posteriores.

Cuando comparemos el blues de 12 compases estándar "estilo B.B. King" con un jazz blues, vamos a ver cómo se vuelve relevante la información de las páginas anteriores.

Blues de 12 compases estándar: *(Ejemplo 1a* repetido de antes)

Bb7	Eb7	Bb7	Bb7
I	IV	I	I

Eb7	Eb7	Bb7	Bb7
IV	IV	I	I

F7	Eb7	Bb7	F7
V	IV	I	V

Jazz blues de 12 compases: *(Ejemplo 1g)*

Bb7	Eb7	Bb7	Bb7
I	IV	I	I

Eb7	Eb7	Bb7	G7
IV	IV	I	VI

CM7	F7	Bb7 · G7	CM7 · F7
II	V	I · VI	II · V

Enfócate en el Bb7 del compás 11 del *primer* ejemplo (blues estándar). Trabajar *hacia atrás* desde este Bb7 y precede a cada acorde con uno dominante como lo hicimos en las páginas anteriores. Ahora deberías ver cómo han surgido los acordes adicionales en el jazz blues.

Esta sección de cuatro compases entre el compás 7 y el compás 10 se conoce como el "turnaround lento", pues cada acorde dura por un compás.

Puedes ver que la misma secuencia de acordes se produce en los dos últimos compases del jazz blues. Esto se conoce como el turnaround rápido, pues los mismos acordes se meten en sólo dos compases. A pesar de que el turnaround rápido ocurre en un período de tiempo más corto, el método por el cual se creó es idéntico al del turnaround lento, trabajando hacia atrás desde el compás 1.

Hay muchas otras adiciones y alteraciones que podemos añadir a los jazz blues y los examinaremos en gran detalle en los siguientes capítulos. Por ahora, asegúrate de entender que:

1) Cualquier acorde puede ser precedido por un acorde que esté a una quinta perfecta de distancia. El nuevo acorde por lo general es de 7ma dominante o de 7ma menor.

2) Los ciclos de acordes dominantes se pueden construir de esta manera. Esto se conoce como un ciclo de quintas y es un recurso extremadamente común en el jazz.

3) Es aceptable cambiar la *calidad* de cualquiera de estos acordes. Lo más común es cambiar la calidad del acorde para convertirlo en uno de 7ma dominante. Cambiar la calidad del acorde nos da nuevas opciones para las melodías y los solos.

4) El turnaround I VI II V en un jazz blues se crea mediante la construcción de un ciclo de quintas hacia atrás desde el acorde tónico (en los ejemplos anteriores el acorde tónico era Bb7).

5) El turnaround se produce en dos lugares. El turnaround lento se produce entre los compases 7 y 10, y el turnaround rápido se produce entre los compases 11 y 12.

Todos los ejemplos de audio de este libro están disponibles de forma gratuita en

www.fundamental-changes.com/audio-downloads

Capítulo 2 - Voicings de acordes para el jazz blues

En este capítulo vamos a aprender algunos voicings de acordes comunes que nos permiten tocar el jazz blues en Bb de diversas maneras.

El primer método consiste en utilizar *voicings de acordes de piano* con las fundamentales en las cuerdas 6ta y 5ta. Estos voicings "grandes" son adecuados cuando acompañas a un vocalista u otro instrumento melódico en un dúo. Aquí hay algunos voicings básicos que deberías conocer.

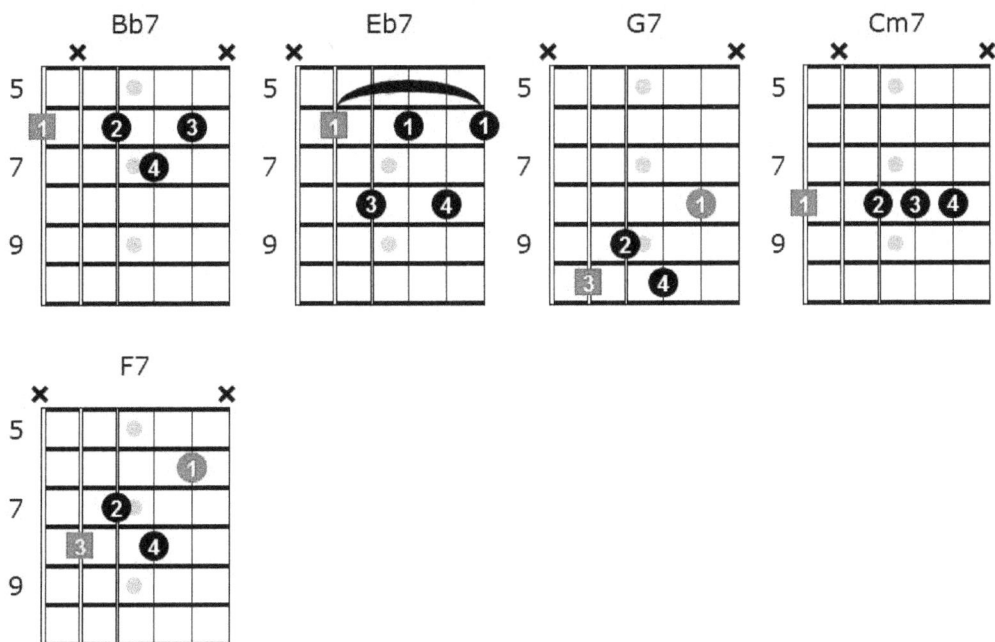

Trata de tocar a través del diagrama de acordes de jazz blues utilizando estos voicings. Esto se muestra en el *ejemplo 2a:*

Bb7	Eb7	Bb7	Bb7
I	IV	I	I

Eb7	Eb7	Bb7	G7
IV	IV	I	VI

CM7	F7	Bb7	G7	CM7	F7
II	V	I	VI	II	V

A continuación, podemos utilizar voicings similares pero, esta vez, vamos a utilizar algunas extensiones y alteraciones en los acordes dominantes para añadir un poco más de sensación de jazz a la armonía.

El siguiente enfoque se muestra en el ejemplo 2b:

Bb13	Eb9	Bb13	Bb7b13
I	IV	I	I

Eb9	Eb7	Bb13	G7b9
IV	IV	I	VI

CM11	F7#9	Bb13	G7	CM7	F7#5#9
II	V	I	VI	II	V

Bb13 **Bb7b13** **Eb9** **G7b9** **Cm11**

F7#9 **F7#5#9**

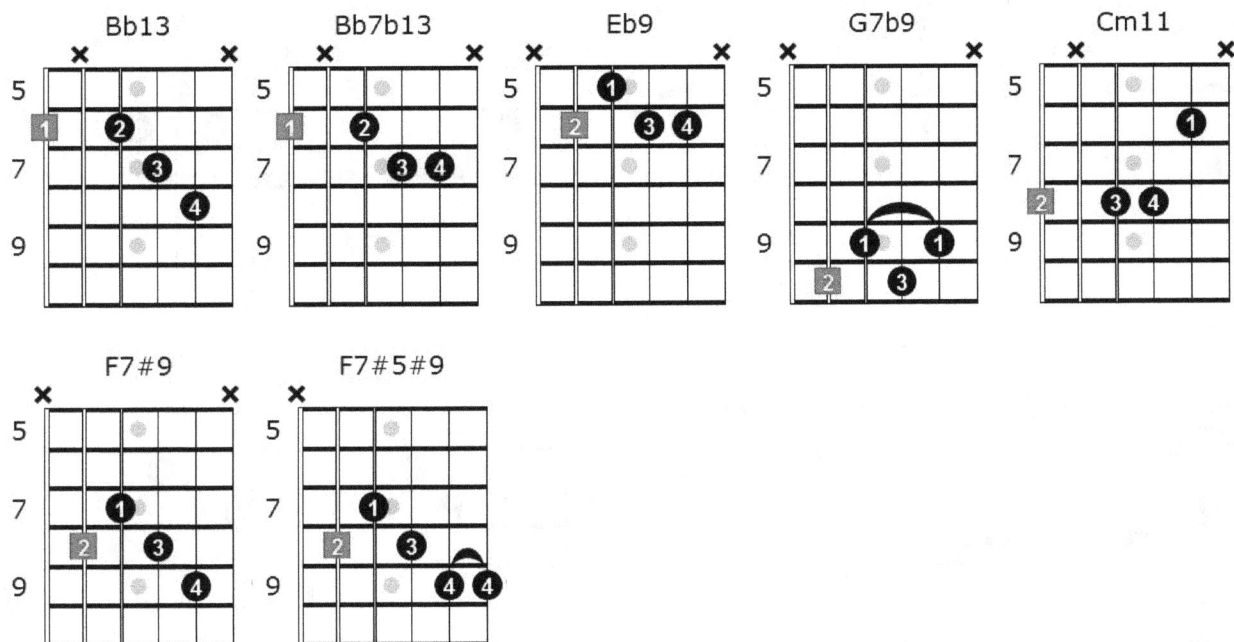

Por último, vamos a ver algunos acordes drop 2 que se tocan sólo en las cuatro cuerdas superiores. Estos voicings son geniales para utilizar en una banda más grande. Ellos le dan al bajista y al pianista mucho más espacio para respirar y evitan que la parte rítmica sea demasiado densa. He combinado algunos acordes "7" (de 7ma) básicos con algunos acordes extendidos y alterados para añadir variaciones y color.

Puedes escuchar los siguientes voicings drop 2 demostrados en el *ejemplo 2c:*

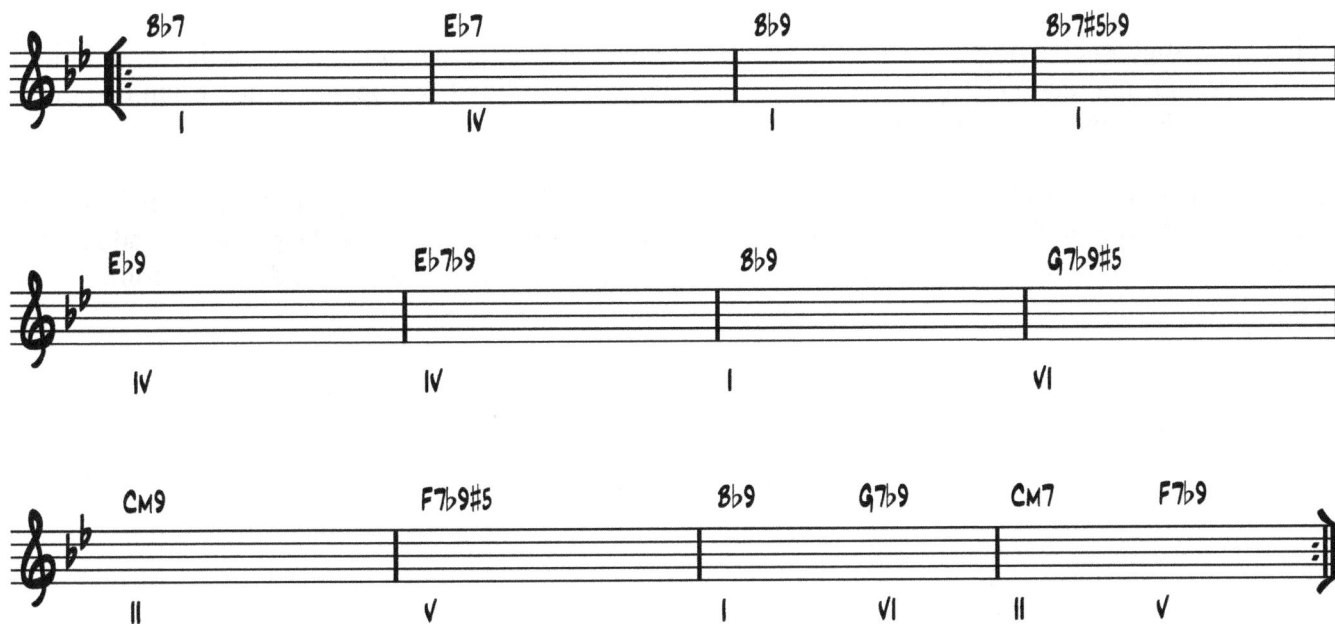

Bb7   Eb7   Bb9   Bb7#5b9
I   IV   I   I

Eb9   Eb7b9   Bb9   G7b9#5
IV   IV   I   VI

CM9   F7b9#5   Bb9   G7b9   CM7   F7b9
II   V   I   VI   II   V

Aquí están las formas de acordes que necesitarás para tocar estos cambios en las cuatro cuerdas superiores:

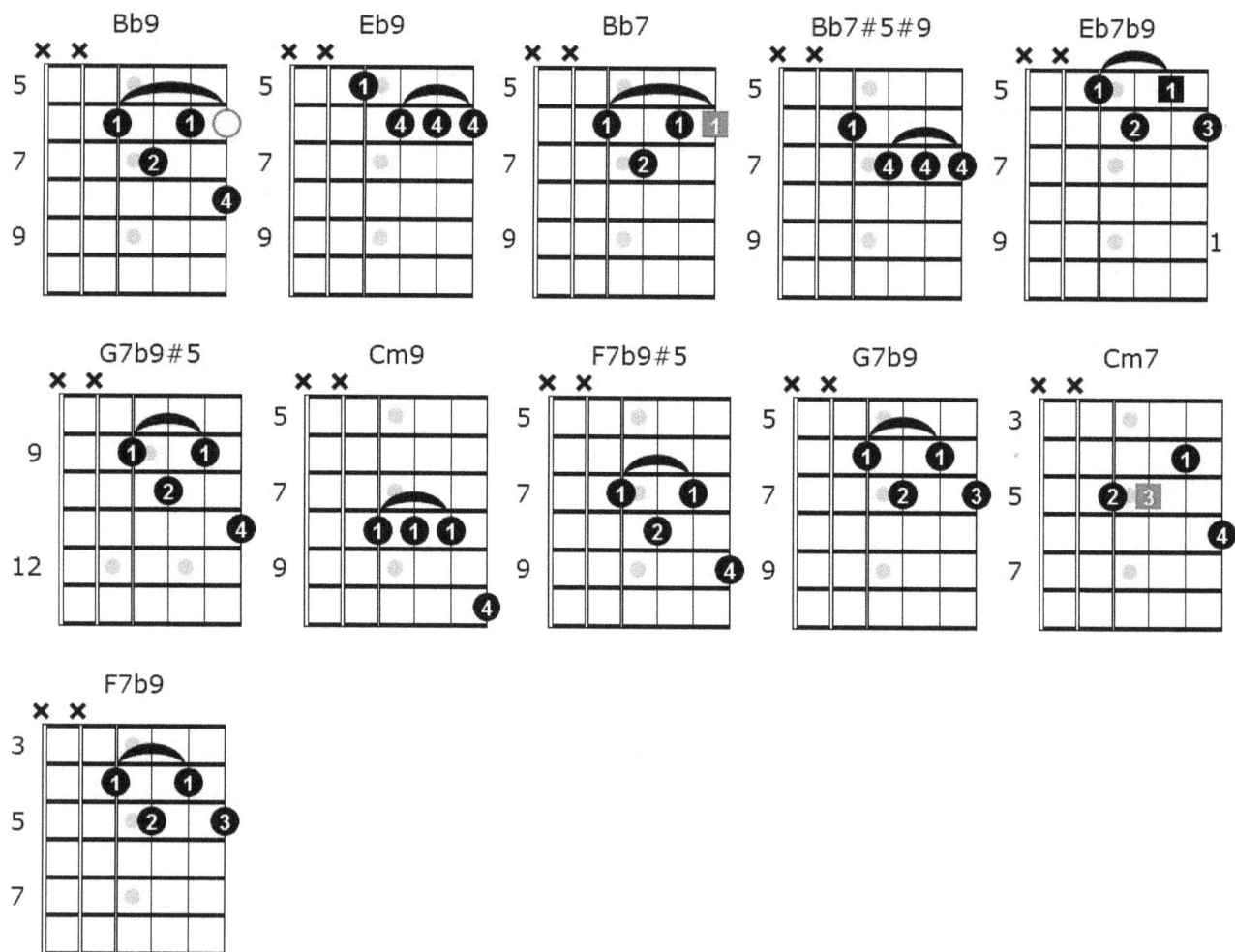

Si bien estas sugerencias proporcionan una buena base para el acompañamiento a través de los cambios en el jazz blues, en realidad no llegan a cubrir muchas de las posibilidades y opciones que están disponibles para estudiar. Para proporcionar eso se necesitaría abarcar otro libro.

Mi intención al proporcionarte estos diagramas de acordes y voicings es que te permitan oír desde un punto de vista armónico cómo funciona y se siente el jazz blues como una estructura. No he proporcionado ninguna información rítmica específica en los diagramas, trata de escuchar en los archivos de audio cómo podrían ser tocados.

Capítulo 3 - Solos en los primeros siete compases

La forma más sencilla de abordar el aprendizaje de la manera de tocar solos en un jazz blues es dividirlo en dos secciones. El jazz blues se compone de unos primeros siete compases bastante estáticos moviéndose entre Bb7 y Eb7 (acordes I y IV), y una sección de turnaround armónicamente más "movida" en los compases del 8 al 12. Al abordar esas secciones como partes separadas, podemos concentrar nuestra práctica para lograr los resultados más rápidos y más articulados posibles.

Como puede que ya sepas, un acorde de "7ma" se construye apilando cuatro notas. La fundamental del acorde, la 3ra, la 5ta y la 7ma.

Las fórmulas de los acordes son:

Séptima mayor: 1 3 5 7
Por ejemplo, BbMaj7 = Bb D F A

Séptima dominante: 1 3 5 b7
Por ejemplo, Bb7 = Bb D F Ab

Séptima menor: 1 b3 5 b7
Por ejemplo, Bbm7 = Bb Db F Ab

También está el acorde menor 7b5, y su fórmula es 1 b3 b5 b7.

Por ejemplo, Bbm7b5 = Bb Db Fb Ab.

Mi intención en este libro no es centrarme demasiado en la teoría, así que si tienes alguna pregunta sobre esta sección, por favor echa un vistazo a la **Guía práctica de la teoría musical moderna para guitarristas.**

Cuando tocamos las notas simultáneamente, tocamos un acorde. Cuando las tocamos una tras otra, tocamos un arpegio.

Si tocamos un arpegio de Bb7 sobre un acorde Bb7, siempre va a encajar y a sonar bien porque simplemente estamos tocando las notas contenidas en el acorde.

Tocar arpegios adecuados sobre acordes específicos es uno de los elementos más importantes de los solos de jazz.

Vamos a empezar por aprender las notas del arpegio de Bb7.

* Los números en el diagrama de arpegio de a continuación muestran los intervalos del acorde.

R = Fundamental (o Raíz)
^3 = 3ra mayor
b3 = 3ra menor
p5 = 5ta perfecta (natural)
b7 = b7 (se pronuncia "bemol 7")

Ejemplo 3a:

Bb7 Arpeggio

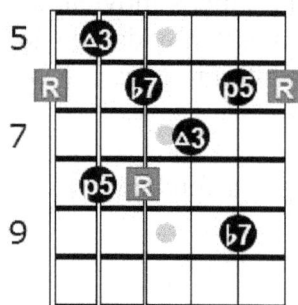

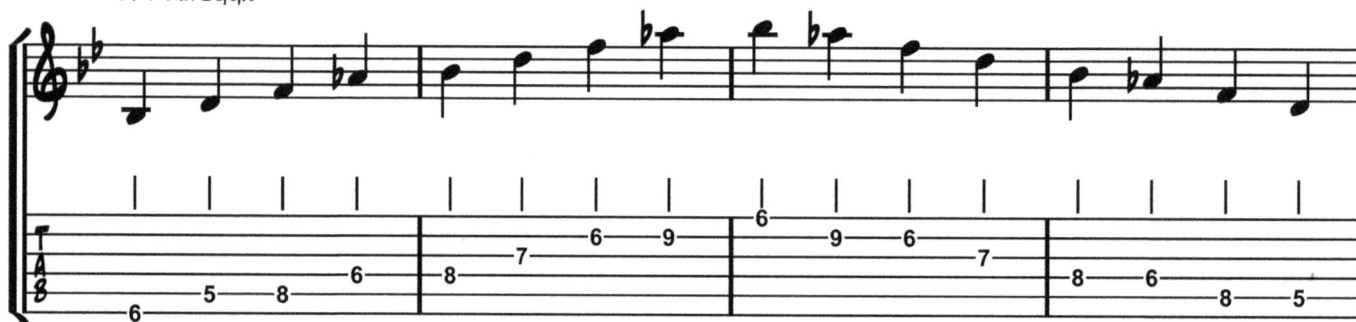

Aprende a tocar a este arpegio de forma ascendente y descendente. Siempre que practiques un nuevo arpegio, hazlo con un metrónomo configurado a 40 bpm. Toca una nota por cada pulso al principio y luego aumenta gradualmente la velocidad del metrónomo hasta 120 bpm.

Cuando puedas tocar a este arpegio a 80 bpm, reduce a la *mitad* la velocidad del metrónomo hasta 40 bpm, y toca dos notas por pulso (corcheas). Puedes aumentar gradualmente la velocidad del metrónomo una vez más. 120 bpm es un buen objetivo pero, recuerda que este libro no es acerca de la técnica o la velocidad. Por ahora, tu único objetivo es asegurarte de memorizar el arpegio.

Ahora podemos echar un vistazo al arpegio Eb7:

Ejemplo 3b:

Eb7 Arpeggio

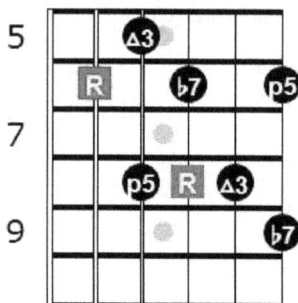

Repite el proceso para aprender el Eb7. No pases a la siguiente sección de este capítulo hasta que puedas tocar ambos arpegios de memoria, hacia atrás y hacia delante.

Los siguientes ejercicios te ayudarán a dominar el cambio importante y común de Bb7 a Eb7 utilizando arpegios. Este cambio se produce en muchos estándares de jazz, no sólo en el jazz blues.

Comienza tocando cinco notas de forma ascendente a través de cada arpegio y luego descansa por un compás. Comienza siempre desde la fundamental más grave de cada acorde. Debería sonar como el *ejemplo 3c:*

La siguiente secuencia de acordes repetitiva está incluida en la *pista de acompañamiento 1*:

Ahora revierte el patrón de modo que estés comenzando desde la fundamental más aguda y descendiendo a través del arpegio. Esto se muestra en el *ejemplo 3d.*

Ejemplo 3d:

A continuación, en lugar de comenzar a partir de la fundamental de cada arpegio, vamos a repetir el proceso ascendiendo y descendiendo desde las *3ras* de cada arpegio (esta es la segunda nota de cada arpegio).

Puedes ver y escuchar esto en los ejemplos 3e y 3f:

Ejemplo 3e:

Ejemplo 3f:

Ahora practica a ascender y descender desde las 5tas de cada arpegio:

Ejemplo 3g:

(Sólo se muestra la figura ascendente debido a restricciones de espacio)

Por último, asciende y desciende desde los b7s de cada arpegio.

Ejemplo 3h:

La siguiente etapa es aprender a unir los dos arpegios de la forma en que lo harías cuando estás tocando un solo. Para ello, vamos a comenzar por reducir a un compás la cantidad de tiempo que tienes en cada acorde.

La pista de acompañamiento 2 repite la siguiente progresión de acordes:

Debido a que tenemos menos tiempo en cada acorde, significa que tenemos que pensar más rápido y, por lo tanto, interiorizar el sonido y la forma de cada arpegio mucho más profundamente que antes.

Vamos a tocar cuatro notas de arpegio de forma ascendente en cada escala como lo hicimos anteriormente; sin embargo, esta vez no habrá descanso y debemos saltar inmediatamente a la nota de arpegio correcta en el siguiente acorde.

Si esto es demasiado complicado para empezar, trata de tocar sólo tres notas y descansa en el pulso cuatro, pero trata de trabajar para tocar cuatro notas por compás tan pronto como sea posible.

Este ejercicio, que asciende desde la fundamental, se muestra en el ejemplo 3i:

Ejemplo 3i:

Practica este ejercicio a partir de la fundamental, la 3ra, la 5ta y la b7ma de cada acorde. Practica cada uno ascendiendo y descendiendo. Esta es una etapa muy importante, así que no la omitas. No incluí la notación por razones de espacio, pero la información de los ejercicios 3c - 3h debería ayudarte si te quedas atascado.

También, ten en cuenta que pueden haber oportunidades para tocar cada intervalo en octavas diferentes. Por ejemplo, el ejercicio anterior también se podría tocar una octava hacia arriba, así:

Ejemplo 3j:

Si se te acaban las notas disponibles en esta posición, simplemente vuelve sobre tus mismos pasos, en vez de avanzar en el diapasón hacia una nueva posición.

Estos ejercicios son muy importantes para el desarrollo de tu confianza con las formas de arpegios, y también tu capacidad para tocar cualquier intervalo específico que elijas. Verás por qué esto es tan importante en el capítulo 5.

Una vez que hayas ganado confianza cambiando instantáneamente entre arpegios cuando cambian los acordes, será el momento de "unir los puntos" para crear una transición fluida entre arpegios. Esta es la base sobre la que se construyen todos los buenos solos de guitarra de jazz.

Capítulo 4 - Transiciones fluidas entre arpegios

Continuaremos desarrollando tu fluidez melódica y tus habilidades auditivas concentrándonos en movernos fluidamente entre los arpegios de Bb7 y Eb7 en áreas muy pequeñas del diapasón.

En esta sección, en vez de saltar de un intervalo específico de cada arpegio hacia otro, vamos a pasar a *la nota más cercana* en el nuevo arpegio cuando el acorde cambie. Aprendiendo a destacar estos movimientos armónicos desarrollamos nuestra capacidad de *articular* los cambios de acordes a medida que ocurren. De esta manera, podemos optar por dejar que nuestras melodías y solos reflejen la armonía proporcionada por la sección rítmica. Esta articulación es una de las características que más define al jazz.

Vamos a empezar por examinar las transiciones posibles cuando pasamos del arpegio Bb7 al arpegio Eb7, pero nos concentraremos *sólo* en las dos cuerdas superiores.

Estudia los siguientes diagramas:

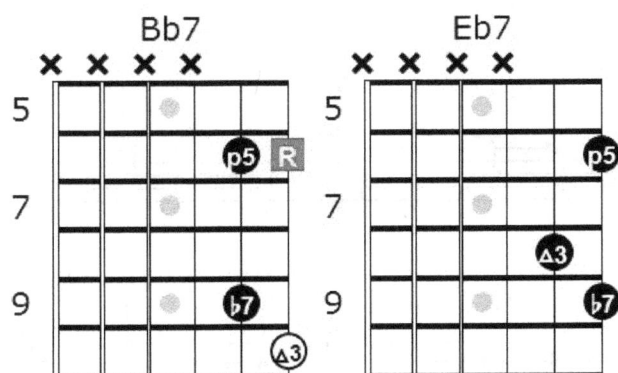

En ambos diagramas, la nota Bb sigue siendo la misma (es la fundamental del arpegio Bb7 y la 5ta del arpegio Eb7).

Sin embargo, es fácil ver que en la segunda cuerda, el b7 de Bb7 (Ab) cae por un semitono para convertirse en la 3ra de Eb7 (G).

Aunque que has estado tocando el arpegio Bb7 anteriormente, es posible que todavía no hayas tocado la 3ra que se encuentra en la primera cuerda, décimo traste; sin embargo, ahora es un buen momento para tomar nota de ella.

Como puedes ver, la 3ra de Bb7 (D), cae por un semitono para convertirse en el b7 del arpegio Eb7 (Db).

Los dos movimientos descritos anteriormente son elementos melódicos *extremadamente* fuertes y esenciales para dominar con el fin de articular los cambios de acordes en el blues o, de hecho, en *cualquier* estándar de jazz.

Usando la pista de acompañamiento 2 (un compás por acorde) vas a tocar cuatro notas por compás y, a medida que el acorde cambie, vas a *apuntarle* a la nota más cercana en el arpegio siguiente.

Los siguientes ejemplos pueden ayudarte a empezar. Recuerda que sólo puedes tocar en las dos cuerdas superiores de la guitarra (¡por ahora!)

Ejemplo 4a:

Ejemplo 4b:

Los dos ejemplos anteriores solamente muestran este ejercicio durante un lapso de cuatro compases; sin embargo, deberías seguir tocando los arpegios y conectando las formas fluidamente durante todo el tiempo que puedas. Yo esperaría que estos ejercicios te comiencen a parecer repetitivos rápidamente; eso es bueno. Estás comenzando a memorizar los puntos donde puedes cambiar de manera articulada entre estos dos acordes.

Estos ejercicios son esenciales, ya que proporcionan la base para *todo* lo que aprenderás acerca de los solos melódicos de jazz. También están entrenando tus oídos, tu fluidez en el diapasón y tu memoria muscular, por tanto cuando tratemos conceptos más complejos, como las notas de aproximación cromáticas y las escalas alteradas, siempre podrás resolver cualquier idea melódica en un tono fuerte de cualquier acorde.

Cuando sientas que has agotado todas las posibilidades con este grupo de dos cuerdas, avanza y repite el ejercicio con los arpegios en las cuerdas segunda y tercera.

Comienza observando en el papel el cambio que ocurre, y luego trata de apuntarle a esos cambios en tu interpretación. Hay muchas oportunidades para conectar los arpegios en la tercera cuerda.

Aquí están los diagramas de arpegio para empezar.

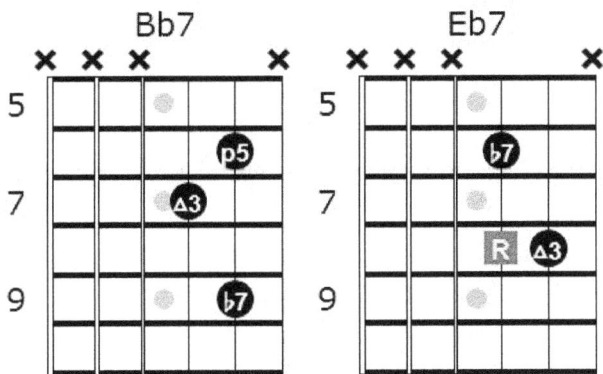

Bb7   Eb7

Poco a poco mueve los grupos de dos cuerdas a través del diapasón hasta que hayas trabajado en las cuerdas quinta y sexta. Las notas del arpegio Eb7 no se incluyeron en el diagrama anterior, así que aquí hay un diagrama de los arpegios completos para ambos acordes.

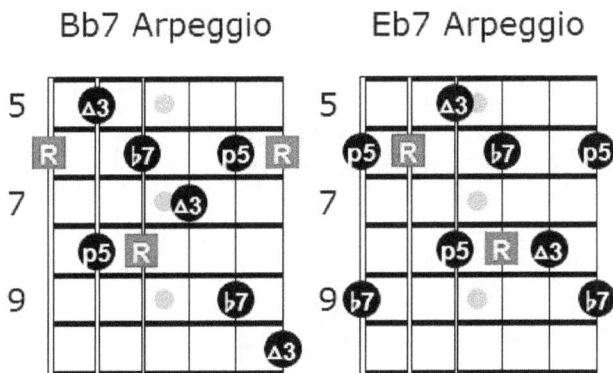

Bb7 Arpeggio   Eb7 Arpeggio

Cuando hayas practicado este ejercicio con grupos de dos cuerdas, puedes pasar a trabajar con grupos de tres cuerdas. Continúa tocando cuatro notas por compás pero, esta vez puedes para trabajar con arpegios en tres cuerdas. Si has practicado las ideas de los ejemplos anteriores a fondo, trabajar con tres cuerdas no debería ser muy difícil. En cualquier momento, no dudes en volver a trabajar con grupos de dos cuerdas si tienes algunos vacíos en tu conocimiento.

Aquí están las formas de arpegio aisladas en las tres primeras cuerdas, seguidas de algunas posibles "rutas" para ayudarte a empezar.

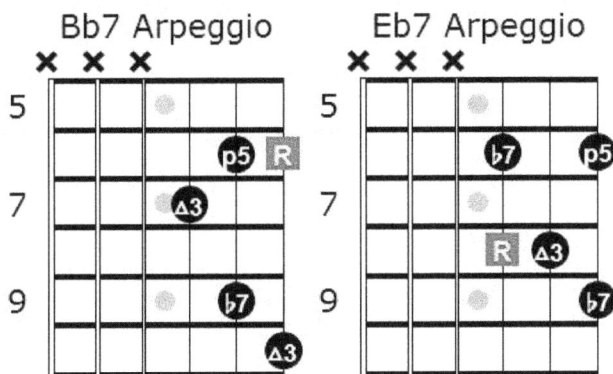

Bb7 Arpeggio   Eb7 Arpeggio

Ejemplo 4c:

Ejemplo 4d:

La etapa siguiente es comenzar a trabajar con grupos de cuatro cuerdas y de cinco cuerdas, antes de pasar a unir los arpegios sobre las seis cuerdas.

Sé observador cuando practiques; si observas cualquier área del diapasón que estés evitando, vuelve a enfocarte en los grupos de sólo dos o tres cuerdas hasta que te sientas seguro en la zona. No olvides aislar las cuerdas graves de la guitarra también.

Capítulo 5 - Apuntar a intervalos específicos

Ahora que hemos mirado el diapasón de la guitarra en términos de unir "formas" cuando tocamos un solo, es importante aprender a ver el diapasón en términos de los *intervalos* reales que estás tocando en un momento dado. Esto ayudará enormemente cuando le apuntemos a las notas de arpegio más tarde, cuando nos fijemos en ideas más complejas tales como los patrones de notas de aproximación cromáticas y las elecciones de escala en los capítulos 6 y 7.

La idea es apuntarle a intervalos específicos de cada acorde y ver cómo se mueven a medida que cambian los acordes.

Los siguientes ejercicios son vitales para el dominio de tu diapasón.

Vamos a empezar por tocar *sólo* la fundamental de cada arpegio sobre los cambios de acordes. Sé paciente, incluso si esto te parece sencillo, pues los siguientes ejercicios contribuyen para el dominio completo muy rápidamente.

Ejercicio 1 - toca solamente la fundamental de cada acorde. *Ejemplo 5a:*

Observa que en esta posición hay más de una fundamental en cada forma. Sigue tocando sobre la pista de acompañamiento 2 hasta que estés seguro de poder encontrar la fundamental de cada arpegio en cualquier octava.

Esta vez, vamos a aislar la 3ra de cada arpegio. Esto es más difícil que tocar sólo la fundamental, y ayudará a aumentar tu visión y tu capacidad auditiva cuando tocas un solo.

Ejercicio 2 - toca solamente la 3ra de cada arpegio. *Ejemplo 5b:*

Una vez más, hay 3ras en octavas diferentes, y no todas ellas están incluidas en el ejemplo anterior. Repite este ejercicio con las 5tas y las b7s de cada arpegio. Usa los diagramas del capítulo 3 como ayuda.

Ahora vamos a hacer algo un poco diferente: vamos a tocar la 3ra del acorde Bb7 en cualquier octava, y luego pasaremos a *la nota más cercana* en el arpegio Eb7.

Comenzamos en la 3ra de Bb7 (porque la fundamental (Bb) se convierte en la 5ta del acorde Eb7 (también Bb)). Estamos interesados en encontrar movimientos específicos y dirigidos entre los arpegios Bb7 y Eb7.

Comenzando en la 3ra del arpegio Bb7, podemos resolver hacia abajo hacia el b7 del arpegio Eb7, o hacia arriba hacia la fundamental del arpegio Eb7. Ambas opciones se muestran en el *ejemplo 5c:*

En el jazz, el movimiento desde la 3ra de un acorde a la 7ma de otro, es una de las resoluciones más fuertes posibles. Mientras que la 3ra de Bb7 (D) se *puede* mover arriba hacia la fundamental de Eb (Eb), te recomiendo bastante que pases algún tiempo aprendiendo a escuchar la resolución de la 3ra en la b7. Esto se conoce como el movimiento de "tono guía".

Repite el ejercicio anterior comenzando en las 5tas y las b7s del acorde Bb7. Notarás que la 5ta de Bb puede, o bien elevarse por un tono para convertirse en la 3ra de Eb, o descender para convertirse en la fundamental.

El movimiento realmente importante del cual hay que tomar nota es el movimiento desde la b7 de Bb a medida que *cae por un semitono para convertirse en la 3ra del acorde Eb*. Este movimiento se muestra en las dos octavas en el *ejemplo 5d:*

Puede parecer que estamos haciendo una gran cantidad de "trabajo de preparación" antes de llegar a realmente tocar los solos y a construir líneas de jazz blues; sin embargo, rápidamente oirás el beneficio de este trabajo preliminar reflejado en la fuerza de tus líneas de jazz.

Ahora podemos oír lo fuerte que es este movimiento de tonos guía entre las 3ras y las 7mas de los acordes. Vamos a combinarlas para hacer un solo muy simple que articula los cambios de acordes. Usando sólo la 3ra y la b7 de cada acorde, combínalas en todas las octavas asegurándote de que siempre te mueves por un semitono a medida que el acorde cambia.

Aquí hay una manera posible para tocar un solo usando tonos guía sobre los cambios:

Ejemplo 5e:

Observa cómo empiezo el ejercicio de forma sencilla con sólo dos notas por compás, y avanzo gradualmente a ritmos ligeramente más complejos. Siéntete en libertad de tocar corcheas a medida que adquieras confianza, pero no pierdas de vista el punto fundamental de este importante ejercicio: escuchar los movimientos de los tonos guía y tocarlos con precisión sobre los cambios.

Puedes comprobar si estás haciendo este ejercicio correctamente tocándolo *sin* una pista de acompañamiento. Si estás cambiando los acordes en el lugar correcto y tocando una 3ra o una b7 en el cambio, serás capaz de "oír" los acordes cambiantes en tu cabeza mientras tocas el solo. La capacidad para implicar un cambio de acorde con la elección de las notas en un solo, es otro elemento fundamental para tocar solos de guitarra jazz de manera competente.

Algo divertido es tratar de tocar un solo basado en la escala pentatónica menor/blues de Bb, pero añadiendo los movimientos de tonos guía de los ejemplos anteriores para articular los cambios de acordes. Descubrirás que al combinar la escala pentatónica menor/blues con estos conceptos puedes avanzar bastante para tocar un solo de jazz blues fuerte. Por ahora, no apliques bending y vibrato a las notas, y cíñete a los ritmos de negras y corcheas.

Aquí están el diagrama de la escala de blues de Bb menor, y un par de licks de muestra que combinan la escala de blues con tonos guía y la continuidad armónica basada en arpegios.

Bb Minor Blues Scale

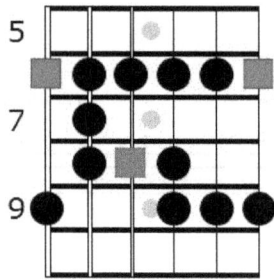

Ejemplo 5f:

Ejemplo 5g:

Como puedes ver, vale la pena pasar tiempo aquí ideando maneras de navegar por el cambio de I - IV usando sólo la escala de blues menor y los arpegios relacionados para apuntarle a los tonos guía. Sin embargo, hay otras escalas y enfoques que podemos utilizar para sonar más a jazz. En el siguiente capítulo, estudiaremos la escala mixolidia "bebop" y aprenderemos a combinarla con las ideas de arpegio para un importante sonido de jazz tradicional.

Capítulo 6 - Uso de la escala mixolidia bebop

La escala mixolidia bebop (o simplemente la escala "bebop"), es la elección de escala más importante y más comúnmente usada para tocar solos sobre un acorde de 7ma dominante *estático*. Un acorde de 7ma dominante "estático" en la música es uno que se puede tocar indefinidamente, y no necesita resolverse en un acorde I. Lo contrario de un acorde dominante estático es un acorde dominante *funcional*, que normalmente será parte de una progresión ii V I y quiere resolverse en otro acorde. Un acorde dominante funcional es un punto de tensión en una progresión de acordes, y este concepto se discutirá en el capítulo 11.

Los acordes I y IV de la progresión de jazz blues (Bb7 y Eb7) normalmente se tratan como dominantes *estáticos*.

El modo mixolidio es el quinto modo de la escala mayor y tiene la fórmula de escala **1 2 3 4 5 6 b7**

Como puedes ver, contiene todas las notas del arpegio de 7ma dominante (1, 3, 5 y b7), más algunas otras notas. En general, todas estas otras notas suenan muy bien en un blues.

Una rápida anotación al margen sobre la teoría: Los grados de escala 2, 4 y 6, cuando se tocan en conjunto con un acorde de "7ma", normalmente reciben los nombres de 9, 11 y 13. Esto se debe a que se denominan por el intervalo que forman entre la fundamental y el intervalo que forman *en la octava más alta*. Para aclarar esto, mira la siguiente fórmula de escala:

1 *2* **3** *4* **5** *6* **b7** *(8/1)* *9* **3** *11* **5** *13* **b7**

En la octava más alta, los tonos de acorde mantienen los mismos nombres (1, 3, 5, b7), y las extensiones se denominan 9, 11 y 13.

En la escala de Bb mixolidio, Bb, C, D, Eb, F, G, Ab, las notas de arpegio son Bb, D, F y Ab. C es la 9na, Eb es la 11va y G es la 13va.

No obstante, hay un pequeño problema con el modo mixolidio; a los jazzistas les gusta hacer dos cosas principalmente:

1) Tocar en corcheas
2) Normalmente mantener los tonos de arpegio en el pulso

Estudia el *ejemplo 6a*:

Bb Mixolydian Scale

Presta especial atención a qué intervalos caen sobre el pulso en las octavas más bajas y más altas. Los tonos de arpegio están entre paréntesis, y en el primer compás puedes ver que todo funciona bien; las notas de arpegio caen muy bien en el pulso *hasta que volvemos a la fundamental*. La nota fundamental cae en el pulso inacentuado del pulso cuatro. Esto significa que en la octava más alta, todas las notas "erróneas" están cayendo en los pulsos; es decir, las 9nas, 11vas y 13vas ahora caen en los pulsos, y las notas de arpegio caen entre los pulsos. Esto se debe a que la escala contiene siete notas.

La mala colocación de los tonos de arpegio de esta forma, resulta en solos de jazz débiles e inarticulados.

Una forma en que los músicos de jazz resuelven este problema, es mediante la inserción de una *nota de paso cromática* entre la b7 y la fundamental (es la falta de una nota entre el b7 y la fundamental lo que arruina el patrón en primer lugar, como puedes ver arriba).

Al añadir esta *7ma natural* entre el b7 y la fundamental, creamos una escala de ocho notas que siempre va a funcionar bien cuando tocamos corcheas o semicorcheas. Esto se muestra en el *ejemplo 6b*:

Bb Mixolydian Bebop Scale

Como puedes ver, mediante la inserción de una *nota de paso cromática* entre la b7 y la fundamental al final del compás uno, las notas de arpegio fuertes aún permanecen en el pulso al pasar al compás dos.

Además de eso, cuando tocas un solo utilizando la escala bebop en corcheas, siempre y cuando comiences tu línea con una nota de arpegio en un pulso acentuado del compás, *siempre* mantendrás automáticamente las notas fuertes de arpegio en el pulso, cualquiera que sea la dirección en la que toques. Las extensiones más débiles siempre caerán sobre los pulsos inacentuados.

¡Ahora puedes ver por qué a los músicos de jazz les encanta usar las escalas bebop!

Estos son los diagramas para las escalas bebop de Bb y Eb. Las 7mas naturales cromáticas añadidas se indican mediante un círculo vacío:

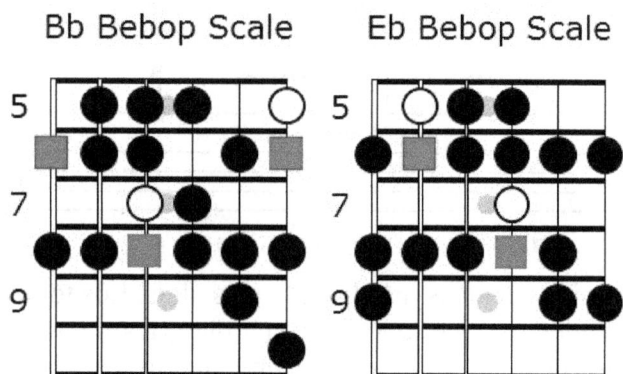

Para empezar, nos centraremos en cómo utilizar la escala bebop de Bb. Todo en esta sección es inmediatamente transferible a la escala bebop de Eb.

En primer lugar, asegúrate de haber memorizado la escala bebop de Bb y de poder tocarla en corcheas ascendiendo y descendiendo a 120 bpm. Tócala sobre la pista de acompañamiento 3, un acompañamiento improvisado en Bb7 estático, y escucha cómo los tonos de acordes siempre caen en el pulso, y los tonos que no son de acordes siempre caen en el pulso inacentuado (pero sólo cuando comienzas con una nota de arpegio en el pulso y tocas en corcheas).

Cuando te sientas seguro, vuelve a la pista de acompañamiento 2 (un compás de Bb7 y un compás de Eb7), y practica el siguiente ejercicio.

Comienza en la fundamental del acorde Bb7 y asciende ocho notas a través de la escala bebop de Bb. Toca una novena nota al final, la cual le apuntará a la nota más cercana en el arpegio de Eb7, tal como aprendimos a hacerlo en el capítulo 4. Esto se puede ver en las dos octavas en el *ejemplo 6c:*

También podemos intentar esta idea descendiendo desde las fundamentales como se muestra en el *ejemplo 6d:*

Observa que en este ejemplo, vuelvo sobre mis pasos y le apunto al b7 de Eb, aunque igualmente podría haber continuado descendiendo hacia la 5ta (Bb) del acorde Eb7. Teniendo la oportunidad de elegir, yo normalmente le apuntaría a un b7 ya que es un tono guía y, por lo tanto, un sonido fuerte.

No olvides practicar la escala bebop de Bb descendiendo desde la fundamental de la octava más alta.

Intenta el mismo concepto, pero esta vez asciende y desciende desde las 3ras del acorde Bb7:

Ejemplo 6e:

Ejemplo 6f:

En el ejemplo 6f, di dos posibles puntos de resolución: hacia la b7 de Eb, la que sería mi elección preferida; sin embargo, podrías optar por repetir la nota final y resolver en la fundamental del acorde Eb7.

Practica la escala bebop de Bb ascendiendo y descendiendo desde las 3ras de Bb7 en cada octava disponible en esta posición. Busca todas las formas posibles en que puedes resolver en el acorde Eb7 en el pulso uno del compás dos.

Ahora trabaja en las mismas ideas, pero ascendiendo desde la 5ta y la b7ma de la escala bebop de Bb. Siempre resuelve en un tono de arpegio de Eb7.

Luego, repite el proceso, pero esta vez vamos a utilizar la escala bebop de Eb sobre el acorde Eb7, y a resolver en un tono de acorde de Bb7. En primer lugar, asegúrate de haber memorizado la escala mixolidia bebop de Eb:

Utiliza la pista de acompañamiento dos otra vez y no toques nada en el primer compás. Puedes escuchar esto de forma ascendente y descendente desde la fundamental en el *ejemplo 6g:*

Como puedes ver, cuando asciendes o desciendes la escala bebop de Eb7 desde la fundamental del acorde Eb7 la resolución puede ser un poco torpe. Arreglaremos esto en el capítulo 7 cuando estudiemos las notas de paso cromáticas.

Continúa explorando la escala bebop de Eb, tocando ocho notas ascendiendo o descendiendo desde todas las 3ras, 5tas y b7s disponibles en el acorde Eb7. Siempre resuelve la 9na nota en un tono de acorde de Bb7, incluso si esto significa repetir dos veces la nota final. Usa los diagramas de la página 29 para ayudarte a localizar tus puntos de partida si te quedas atascado. Los siguientes ejemplos muestran algunas alternativas posibles a partir de la 3ra, 5ta y b7 del acorde Eb7.

Ejemplo 6h: Desciende desde la 3ra de Eb7

Ejemplo 6i: Desciende desde la 5ta de Eb7

Ejemplo 6j: Asciende desde la b7 de Eb7

Agotar todas las posibles soluciones con estas escalas puede tomar algún tiempo; sé paciente y ve despacio. Este libro está escrito por etapas intencionalmente y, aunque el dominio completo de *cualquier* tema es difícil de lograr, una buena comprensión de cómo resolver una ejecución de escala bebop en cualquier lugar de la escala, es un punto de paso esencial.

La siguiente etapa es comenzar a unir las escalas bebop de Bb y Eb, en otras palabras, queremos seguir una ejecución de escala con la escala adecuada continuando *sobre* el cambio de acorde.

Por ejemplo, échale un vistazo a la siguiente línea que comienza en la escala bebop de Bb y cambia a la escala bebop de Eb después de apuntarle a un tono de acorde en el pulso uno del compás dos.

Ejemplo 6k:

Aquí hay otra idea que empieza desde la 3ra del acorde Bb7.

Ejemplo 6l:

El segundo compás del ejemplo 6l es interesante porque en lugar de ejecutar la escala bebop de Eb completa, utilizo un *patrón de nota de aproximación* para apuntarle a la 3ra del acorde Bb7 en el compás tres. Lo más importante sobre lo que hay que trabajar en este momento, es asegurarte de que toques un tono de arpegio del nuevo acorde en el pulso uno del nuevo compás. Si tienes que cambiar el orden del último par de notas del compás anterior, no hay ningún problema.

Este concepto se vuelve mucho más elaborado y musical en el capítulo 7, donde estudiaremos las notas de aproximación cromáticas y los patrones de notas de aproximación. Por ahora, asegúrate de tocar un tono de arpegio en el nuevo acorde.

Por supuesto, no tienes que comenzar tu línea de blues en el primer pulso del compás. Los siguientes ejemplos comienzan en los pulsos dos, tres y cuatro del compás de Bb7:

Ejemplo 6m:

Ejemplo 6n:

Ejemplo 6o:

Por ahora, no te preocupes por los saltos de intervalos y los patrones de notas de aproximación de los ejemplos anteriores. Es aceptable, e incluso te animo, a añadir muchos recursos melódicos para ayudar a que las notas de arpegio caigan en el pulso.

Si descubres que quieres poner un tono que no es de acorde (9na, 11va o 13va), en el pulso uno, siempre hay una manera de resolver esta tensión con una nota de paso cromática volviendo a un tono de arpegio en el pulso dos. Descubrirás que esto sucede a menudo cuando empiezas en el pulso cuatro del compás uno.

Otra excelente manera de practicar es estableciendo una tarea de practicar con frases de una *longitud específica*. Trata de tocar líneas de 4, 6, 8 o 10 notas; rápidamente aprenderás a sentir cómo suenan estas longitudes de frase "fijas". Podrías probar con frases de 8 notas a partir del pulso dos, tres o cuatro, o tal vez frases de 6 notas que comiencen en los pulsos tres y cuatro.

Sea cual sea la manera en que practiques estos fragmentos melódicos, siempre asegúrate de cruzar la barra de compás y siempre trata de colocar un tono de acorde en el pulso.

Ahora deberías estar oyendo que las escalas bebop, combinadas con el hecho de apuntarle a tonos de arpegio en los cambios de acordes, forman una parte esencial y extensiva del vocabulario del jazz. Cuando agreguemos los conceptos de notas de paso cromáticas y los patrones de notas de aproximación cromáticas, realmente comenzaremos a familiarizarnos con los principios fundamentales del lenguaje de la guitarra bebop.

El cromatismo es uno de los elementos melódicos más esenciales de la música jazz. Lo discutiremos en el siguiente capítulo.

Capítulo 7 - Notas de paso cromáticas

En el capítulo anterior examinamos la escala mixolidia bebop y vimos que se forma añadiendo una nota de paso cromática adicional entre el b7 y la fundamental de la escala. Esta escala de 8 notas funciona bien en el jazz porque cualquier línea de corcheas que comience en un tono de acorde, siempre mantendrá "automáticamente" un tono de acorde en el pulso.

Sin embargo, como también vimos en el capítulo anterior, esta útil característica a veces puede desmoronarse cuando tocamos un solo sobre un cambio de acordes. Esto se puede ver en el *ejemplo 7a:*

Descender la escala bebop de Eb desde la 3ra como se muestra en este ejemplo nos lleva a una situación en la que la nota final del compás de Eb es un tono de acorde del Bb7 del siguiente compás. Si bien esto no es incorrecto, podemos crear una línea mucho más fluida y más "jazzística" adicionando una nota *cromática* entre el pulso cuatro y el pulso uno. Una nota cromática es *cualquier* nota que no esté en la escala actual.

Examina cómo modifico la línea anterior en el *ejemplo 7b:*

La nueva nota (A), es una *nota de paso cromática* entre el Bb en el pulso cuatro y el Ab en el pulso uno. Ya que cae en un pulso inacentuado (*entre* los pulsos), no se siente como una disonancia fuerte. De hecho, hace una transición melódica mucho más fluida entre los dos acordes.

Una nota de paso cromática se puede añadir en *cualquier* momento en que estés a un tono de distancia de una nota objetivo cuando estés en el pulso cuatro.

El ejemplo 7c muestra otro ejemplo que se mueve de Bb7 a Eb7.

Ejemplo 7c:

Una vez más, estudia lo que sucede en el pulso cuarto. En este ejemplo, paso de la 5ta del acorde Bb7 (F), a la 3ra del acorde Eb7 a través de una nota de aproximación cromática. De nuevo, la nota de aproximación cromática cae en el pulso inacentuado del pulso cuatro.

En el siguiente ejemplo, me muevo cromáticamente de la 5ta del acorde Bb7 a la fundamental del acorde Eb7 antes de continuar la línea con una escala bebop y una idea de arpegio.

Ejemplo 7d:

Estas notas de paso cromáticas se utilizan *todo el tiempo* en el jazz. Cada vez que veas que estás a un tono de distancia de tu nota objetivo, puedes "llenar el espacio" con una nota de paso cromática.

Otra forma muy útil de usar las notas cromáticas es cuando nos encontramos a un *semitono* de distancia de nuestra nota objetivo en el pulso cuatro. Por ejemplo, imaginemos que quiero que mi solo melódico pase de la b7 en el pulso cuatro del acorde Bb7 a la 3ra del acorde Eb7 en el pulso uno.

Ya estoy a un semitono de distancia de la nota a la que quiero llegar, así que no puedo insertar una nota de aproximación cromática en el pulso inacentuado del pulso cuatro. En lugar de ello, puedo usar un *encerramiento* (enclosure) y tocar una nota cromática *al otro lado* de mi nota objetivo. Esto se muestra en el *ejemplo 7e:*

Este encerramiento es sólo uno de muchos *patrones de nota de aproximación* comunes que se utilizan constantemente en la música de jazz. Aquí hay una línea bebop que incorpora el concepto anterior:

Ejemplo 7f:

¿Puedes oír cómo el uso de una nota de aproximación cromática para preceder inmediatamente al tono de acorde en Eb7 añade verdadera fuerza e interés a la línea?

Sin embargo, los encerramientos no necesariamente tienen que utilizar una nota cromática. A veces podemos utilizar un encerramiento que en realidad sólo utiliza las notas de la escala original. Por ejemplo:

Ejemplo 7g:

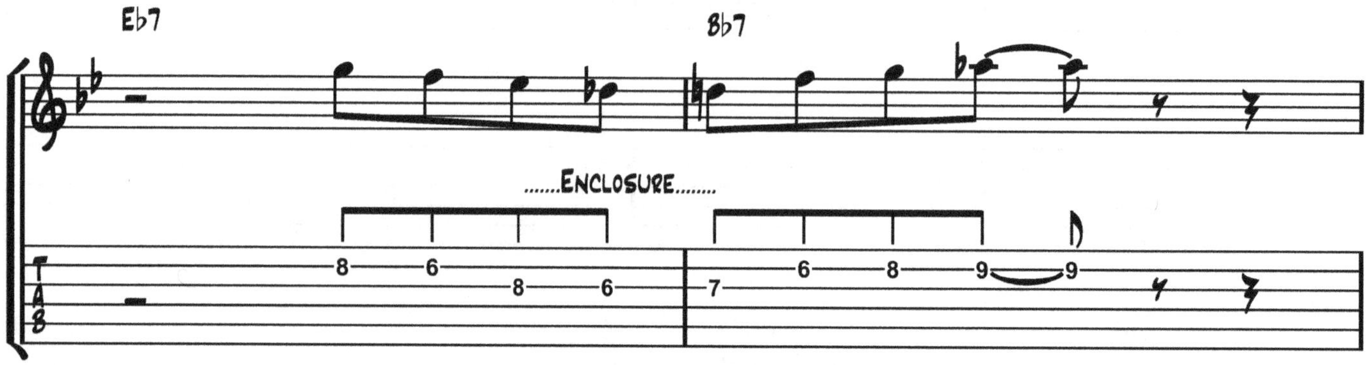

La línea anterior le apunta a la 3ra de Bb7 (D) con un encerramiento. Lo que pasa es que ambas notas de encerramiento están en la escala mixolidia bebop de Eb.

El ejemplo 7h es una línea que se mueve de Bb7 a Eb7 y que utiliza un encerramiento para apuntarle a la 3ra de Eb7.

Ejemplo 7h:

La siguiente línea utiliza un encerramiento para apuntarle al b7 de Eb7.

Ejemplo 7i:

Otro uso importante de las notas de paso cromáticas es entre un tono de escala (extensión) y un tono de arpegio del mismo acorde.

Hasta ahora, siempre hemos tocado un tono de arpegio en cada pulso del compás. Esta es una parte esencial de aprender a tocar y escuchar música de jazz; sin embargo, a medida que avances descubrirás que tus oídos a menudo querrán colocar una nota que *no es* un tono de arpegio en el pulso.

Este es un concepto que se sale un poco del tema, pero ya que estamos en el tema de las notas de paso cromáticas, deberías saber que siempre podemos utilizar una nota de paso cromática para movernos de un tono que no es de arpegio a un tono de arpegio.

Por ejemplo, estudia la siguiente línea que se mueve de Eb7 a Bb7. Cuando el acorde cambia a Bb7, he colocado deliberadamente la 13va de Bb7 (G) en el pulso.
Estudia cómo utilizo una nota de paso cromática en el pulso inacentuado del pulso uno para "recuperarme" y volver a una nota de arpegio (la 5ta, F) en el pulso dos.

Ejemplo 7j:

También pude haber usado un encerramiento para apuntarle al b7 de Bb7. Aquí está la misma línea con un final diferente. *Ejemplo 7k:*

Este tipo de cromatismo puede tomar un poco de tiempo para acostumbrarse pero, siempre que la nota cromática sea tocada en un pulso inacentuado, va a funcionar.

El mismo enfoque se puede usar desde la 9na a la fundamental como se muestra en el *ejemplo 7l:*

¿Puedes ver cómo las líneas de jazz se pueden volver rápidamente muy cromáticas e interesantes por la simple combinación de las notas objetivo, la escala bebop, las notas de paso cromáticas y los encerramientos?

Una nota de paso cromática también se puede utilizar entre la 11va de la escala y la 5ta; sin embargo, colocar la 11va de un acorde mayor o dominante en el pulso, definitivamente tiene que ser manejado con cuidado. Si la 11va de un acorde de tipo mayor se toca en el pulso, formará un choque de semitonos con la 3ra mayor del acorde. Por el momento sugeriría evitarlo.

Puede ser difícil encontrar maneras efectivas para practicar el uso de las notas de paso cromáticas y los encerramientos. Veremos ideas más detalladas para la práctica en el siguiente capítulo cuando nos fijemos en los *patrones de notas de aproximación*. Por ahora, una buena sugerencia para la práctica es simplemente apagar el metrónomo e imaginar que estás tocando los dos últimos pulsos de un compás y el primer pulso del siguiente.

Practica tocando tres notas de la escala bebop a partir de un tono de acorde, y trata de encontrar una nota de paso cromática o un encerramiento para usar en la nota final del compás, que le apunte a un tono de acorde del acorde siguiente.
Los ejemplos 7m-7o te muestran cómo.

Ejemplo 7m:

Ejemplo 7n:

Ejemplo 7o:

Trata de ser metódico y no te preocupes por usar un metrónomo al principio. Trata esto como una exploración. Lo bueno es que todas estas ideas cromáticas cortas se meten rápidamente en tus oídos, y te descubrirás creando unos licks cromáticos excelentes y articulados sobre los cambios de acordes.

Capítulo 8 - Patrones de notas de aproximación cromáticas

Los capítulos 6 y 7 analizaron enfoques para tocar solos de blues utilizando la escala mixolidia bebop y notas de aproximación cromáticas; sin embargo, el lenguaje del jazz se compone principalmente de arpegios y de "decoraciones" a esos arpegios.

Recuerda el principio básico de los solos de jazz: mantener los tonos de arpegio *en* el pulso, y los tonos que no son de arpegio en el pulso *inacentuado*. Si tenemos en cuenta lo que aprendimos en el capítulo anterior acerca de las notas de paso cromáticas, no es descabellado sugerir que podemos colocar *cualquier* nota cromática en un pulso inacentuado, siempre y cuando se resuelva a un tono de arpegio en el pulso.

Este concepto es un gran punto de partida para explorar algunas decoraciones utilizadas comúnmente para los solos basados en arpegios.

Recordemos el arpegio de Bb7:

Bb7 Arpeggio

Vamos a añadir una nota de aproximación cromática un semitono por debajo de cada uno de los tonos de arpegio de Bb7.

Cada nota cromática se tocará en un pulso inacentuado y estará un semitono por debajo de la nota objetivo.

Intenta el siguiente ejercicio a tu propio ritmo; no utilices un metrónomo y trata de visualizar cada nota del arpegio de Bb7 mientras tocas.
En el siguiente diagrama, las notas del arpegio de Bb7 están rellenas y las notas de aproximación cromáticas están vacías.

Ejemplo 8a:

Bb7 Arpeggio

Cuando te sientas seguro, trata de tocar el ejercicio anterior como una línea continua como se muestra en el ejemplo 8b:

Ejemplo 8b:

También aprende esta idea de forma descendente, como en el ejemplo 8c:

Ahora aplica la misma idea al arpegio de Eb7. Para ahorrar espacio escribí los siguientes ejemplos como corcheas, pero no tengas miedo de añadir bastante espacio entre cada "par" de notas para que puedas interiorizar este concepto fácilmente. Esta técnica se puede aplicar a cualquier arpegio, así que es aconsejable proceder lentamente aquí y aprender el sonido con cuidado y con fluidez.

Ejemplo 8d:

Ejemplo 8e:

Cuando yo estaba aprendiendo estos conceptos, la principal dificultad que tuve fue usarlos musicalmente. Finalmente me di cuenta de que funcionan mejor cuando *no* se utilizan de manera aislada. Ellos se articulan fuertemente con la idea de continuidad armónica de forma melódica sobre los cambios de acordes que examinamos en el capítulo 7, y se pueden utilizar en cualquier momento como una aproximación a una nota objetivo de un nuevo acorde.

Estos patrones también son muy útiles y distintivos cuando se añaden a las líneas basadas en arpegios sobre acordes estáticos. Yo recomendaría bastante que te acostumbres a su sonido y su colocación rítmica sobre un acompañamiento improvisado de un acorde, tales como las pistas de acompañamiento 3 y 4.

Las siguientes líneas muestran el uso del patrón notas de aproximación de "un semitono por debajo".

Ejemplo 8f:

Ejemplo 8g:

Hay muchos otros patrones de notas de aproximación cromáticas que se utilizan a menudo, pero uno en el que definitivamente deberías trabajar es el patrón de *un semitono por debajo/un intervalo de escala por encima.*

Como su nombre sugiere, este patrón se inicia de una manera similar al patrón de un semitono por debajo descrito anteriormente; sin embargo, ahora añadimos otra nota, esta vez de la escala apropiada para el acorde (en este caso, el modo mixolidio)

Una cosa muy interesante acerca este patrón es que nos permite poner un tono cromático *en el pulso*, y va a sonar fantástico, siempre y cuando lo resuelvas correctamente.

El ejemplo 8h muestra cómo tocar el patrón de *un semitono por debajo/un intervalo de escala por encima* en la fundamental del arpegio de Bb7.

Ejemplo 8h:

Como puedes ver, la nota que es cromática a la escala ahora se coloca en el pulso (aunque más tarde deberías experimentar con la colocación rítmica de todas estas ideas)

Aquí están todos los tonos de arpegio del acorde Bb7 tocados con el mismo patrón. Observa que para *todos* los tonos, con la excepción del 3ro, el intervalo de escala siempre está un tono por encima de la nota objetivo. Para la 3ra de un acorde de 7ma dominante, el intervalo de escala sólo está un semitono por encima de la nota objetivo.

Ejemplo 8i:

Una vez más, no te preocupes por tocar estos patrones con un metrónomo o pista de acompañamiento al principio. Es mucho más importante que los aprendas lentamente y con precisión. Son una gran manera de probar qué tan bien conoces estos arpegios *realmente*, porque debes visualizar y escuchar la nota objetivo mucho antes de tocarla.

Cuando estés logrando entender este patrón, trata de ir a través del arpegio completo apuntándole a una nota de arpegio por compás sobre la pista de acompañamiento 3. Debería sonar algo así como el *ejemplo 8j:*

Poco a poco aumenta la frecuencia de los patrones de notas de aproximación, y experimenta con los ritmos también. Repite este proceso de forma descendente, y también para el arpegio de Eb7 que se muestra en el *ejemplo 8k:* (pista de acompañamiento 4).

Intenta omitir intervalos dentro del arpegio también, por ejemplo, primero apúntale a la fundamental, luego a la 5ta, luego a la 3ra y finalmente a la b7ma. ¡Intenta cualquier combinación que se te ocurra!

El mayor desafío es llevar estos patrones de notas de aproximación a tus solos reales, y combinarlos con los otros conceptos fundamentales del jazz de este libro. Este es sin duda un objetivo a largo plazo, pero simplemente con la práctica diaria de estos patrones de nota de aproximación, tus oídos poco a poco los incorporarán a tu interpretación.

Las siguientes líneas combinan todos los diferentes conceptos incluidos hasta ahora en este libro. Se componen de arpegios, escalas bebop, notas objetivo, notas de paso cromáticas y patrones de notas de aproximación.

Líneas que pasan de Bb7 a Eb7:

Ejemplo 8l:

Ejemplo 8m:

Ejemplo 8n:

Ejemplo 8o:

Líneas que pasan de Bb7 a Eb7:

Ejemplo 8p:

Ejemplo 8q:

Cuando estés aprendiendo estos licks, no olvides analizarlos y descubrir cómo están construidos. Aplicándoles "ingeniería inversa" descubrirás mucho acerca de cómo se utilizan musicalmente los conceptos de los capítulos anteriores.

Para empezar, practica cada línea lentamente y sin un metrónomo, pero tan pronto como te sea posible, tócalas con un clic o con una pista de acompañamiento para que puedas oír cómo siguen cayendo normalmente sobre el pulso las notas fuertes del acorde.

Capítulo 9 - Agregar el acorde bV de séptima disminuido

Una adición muy común en el jazz blues es la inclusión de un acorde de 7ma disminuido, construido sobre el grado bV (b5) del acorde tónico. Se toca en el sexto compás como una alternativa al segundo compás de Eb7.

Por ejemplo, en la tonalidad de Bb, el grado bV es la nota Fb (o E natural para simplificar). Por lo tanto, podemos tocar la siguiente progresión:

Ejemplo 9a:

Puedes tocar este acorde de las siguientes maneras en la guitarra:

A pesar de que esta "teoría" puede parecer un poco intimidante en el papel, la verdad es que el acorde Edim7 sigue *funcionando* como un acorde Eb7, aunque con un poco más de tensión. Esta es la razón:

Si nos fijamos en las notas de *E* de 7ma disminuido; (E, G, Bb, Db), en términos de su *relación con el acorde Eb7* (Eb, G, Bb, Db), nos damos cuenta de que entre los dos acordes sólo hay una nota diferente.

Lo único que cambió fue que la fundamental del acorde Eb7 se ha elevado por un semitono para convertirse en la nota E.

Como una extensión de la fundamental de Eb, la nota E es un b9 (técnicamente la nota es una Fb, pero vamos a llamarla "E" para mayor claridad).

La adición de un b9 a un acorde dominante es una alteración muy común en el jazz, y suena muy bien como puedes escuchar en el ejemplo 9a.

Toda esta explicación puede sonar un poco confusa sobre el papel de manera que, para simplificar las cosas, mira los acordes de Eb7 y Edim7 escritos uno junto al otro:

Eb7   **EbDim7 / Eb7b9**

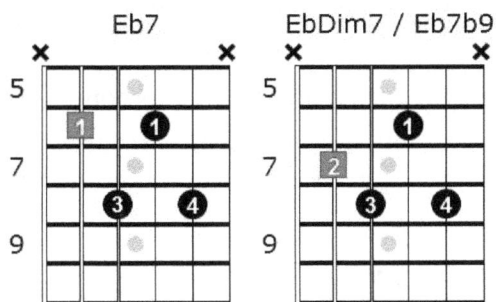

Como puedes ver, los acordes son idénticos excepto en que la nota grave se ha elevado por un semitono.

Añadiendo esta tensión al compás seis del blues, nos damos una gran cantidad de nuevas opciones para los solos, que añaden tensión melódica e interés a este punto de la progresión. Hay un método muy fácil para tocar un solo sobre este acorde: ¡ignóralo!

Debido al hecho de que el acorde E disminuido está *funcionando* como un acorde Eb7b9, todos los enfoques de Eb7 que hemos visto hasta este punto van a funcionar, porque el oyente aún está escuchando sólo un acorde Eb7.

Mientras te animo a explorar este acorde usando el arpegio de Eb7 y la escala bebop, si *solamente* usamos ese enfoque, nos estaríamos perdiendo algunas muy buenas oportunidades para tocar solos melódicos.

La primera y más común manera para manejar este nuevo acorde es simplemente tocar un arpegio de E de 7ma disminuido sobre él. Esto se muestra en el *ejemplo 9b:*

EDim7 Arpeggio

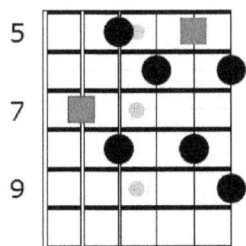

Una vez más, observa que este arpegio es idéntico al arpegio de Eb7 de la página 15, excepto por el hecho de que la nota Eb se ha elevado por un semitono hasta la E.

Debido a que los dos arpegios son casi iguales, puede ser muy útil apuntarle a la nota que cambia, usando el nuevo arpegio de Edim7 en el compás seis.

Los siguientes ejemplos utilizan negras para apuntarle a las notas de arpegio que cambian entre los compases cinco, seis y siete.

Ejemplo 9c:

Eb7 · EDIM7 · Bb7

ASCEND FROM ROOT

```
|---------------------------|-----------------6----|-9---6-----------|
|-----------------6---------|-5----8-------8-------|----------7------|
|-------5----8--------------|----------------------|-------------8---|
|-6-------------------------|----------------------|-----------------|
```

Ejemplo 9d:

Eb7 · EDIM7 · Bb7

ASCEND FROM 3RD

```
|-------------------------------|-----------6----9----|-10---6-----------|
|-------------------6-----8-----|-5----8--------------|----------9----6--|
|-----5----8--------------------|---------------------|------------------|
```

Practica tocando solos en este cambio de acordes de la misma manera que aprendiste a cambiar de Bb7 a Eb7 en los capítulos 3, 4 y 5.

Recuerda ser organizado. En los ejemplos anteriores, ascendí los arpegios desde la fundamental y la 3ra. Repite este proceso con la 5ta y la b7ma. También practica estos cambios de forma descendente.

Divide la guitarra en grupos de dos cuerdas y concéntrate en gran detalle en cómo los tonos de acorde se están moviendo en una zona muy limitada y pequeña.

Cuando te sientas seguro con cada grupo de dos cuerdas, amplía el rango en el que estás tocando a grupos de tres cuerdas, cuatro cuerdas y cinco cuerdas.

Por encima de todo, recuerda que esto es principalmente un ejercicio auditivo, y entrenar tus oídos con cuidado en esta etapa te permite relajarte después cuando estés tocando solos rápidos. Es muy probable que llegues a ser capaz de dejar que tus oídos guíen a tus dedos hacia las notas correctas.

Cuando se trata de tocar líneas basadas en escalas sobre el acorde Edim7, una de las escalas más adecuadas para utilizar es la de E disminuida de ocho notas (*whole/half scale*).

Esta escala tiene la fórmula 1 2 b3 4 b5 #5 6 7. En E, esto nos da las notas E, F#, G, A, Bb, C, Db, D#. La escala disminuida es lo que se conoce como una *escala sintética*, ya que no se deriva de ningún sistema modal, tales como los modos de la escala mayor, o menor melódica o armónica.

La escala simétrica disminuida, como su nombre lo indica, es simétrica: su estructura de intervalos *se repite*, como se puede ver en el siguiente diagrama:

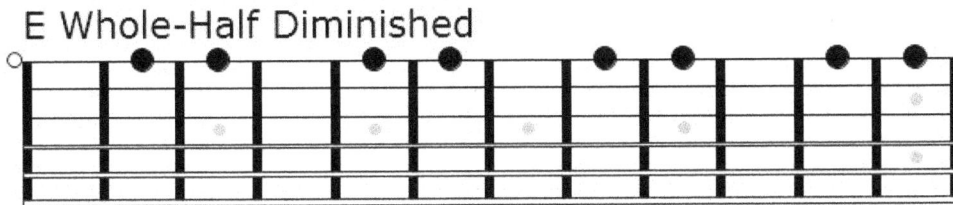

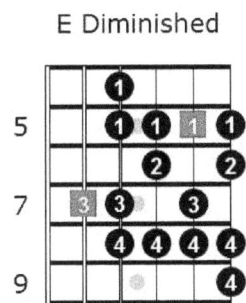

E Whole-Half Diminished

Debido a esta simetría, la escala simétrica disminuida se utiliza a menudo para crear patrones melódicos y secuencias.

La escala simétrica disminuida se puede tocar en la guitarra de la siguiente manera. Las digitaciones se dan sólo a manera de sugerencia.

Ejemplo 9e:

E Diminished

Aunque es una escala con un sonido muy singular, funciona muy bien sobre el acorde Edim7, asumiendo que le estás apuntando a un tono de acorde en el pulso uno del compás.

Mi nota favorita a la cual apuntar es la fundamental, (E) porque esta es la única nota que ha sido alterada del arpegio del acorde anterior. Apuntarle a la E te da el efecto melódico más obvio, como probablemente lo oíste en los ejemplos 9c y 9d. Otra nota genial a la cual apuntar es A (b5 del acorde original Eb), ya que es otra nota que define claramente el cambio.

La escala simétrica disminuida toma un poco de tiempo para acostumbrarse, así que una vez más, aprende a aplicarla sobre grupos de cuerdas pequeños y siempre apúntale a las notas de arpegio en el pulso. Si es necesario, siempre puedes añadir notas cromáticas para mantener a las notas de arpegio en el pulso.

Aprender a aplicar la escala de E simétrica disminuida fue uno de mis mayores retos cuando estaba aprendiendo a tocar solos de jazz blues. Puede tomar un tiempo para que esta escala se vuelva natural, en particular porque sólo se utiliza durante un compás. Para empezar, aquí hay algunas líneas simétricas disminuidas que puedes usar en el compás seis.

Ejemplo 9f:

Ejemplo 9g:

Ejemplo 9h:

La mejor manera para acostumbrarse a usar la escala simétrica disminuida es simplemente experimentando con una pista de acompañamiento lenta.

Capítulo 10 - Arpegios extendidos de la 3ra a la 9na

El último concepto que vamos a ver con los acordes de Bb7 y Eb7 es la idea del uso de los arpegios *extendidos*. Todos los arpegios que hemos estudiado hasta este momento han sido tocados desde la fundamental del acorde ascendiendo 1, 3, 5, b7. Un enfoque muy común en los solos de jazz es formar un nuevo arpegio de cuatro notas a partir de la *3ra* del acorde.

Por ejemplo, el arpegio 1, 3, 5, b7 sería sustituido por el arpegio 3, 5, b7, 9.

Nuestro arpegio de Bb7, (Bb, D, F, Ab) sería sustituido por las notas D, F, Ab y C. Tocando el arpegio que se construye en la 3ra de acorde, omitimos la fundamental y en su lugar tocamos la 9na de la escala.

Los músicos de jazz a menudo ven la fundamental como una nota poco interesante; después de todo, ya está siendo tocada por otros instrumentos tales como el bajista, el teclista u otro guitarrista. Tocar la fundamental puede tener un efecto de terminación y punto final en una línea melódica por lo cual, en algunas circunstancias, es deseable evitarla y reemplazarla por la 9na cuyo sonido más rico.

Por supuesto, todo esto es una cuestión de gusto, ya que algunas veces vas a querer escuchar la fundamental. Sólo recuerda que los tonos guía de cualquier acorde (la 3ra y la b7) son melódicamente más fuertes que la fundamental y, en general, son mejores para la articulación de los cambios de acordes.

Cuando tocamos el arpegio extendido 3-9 de Bb7, las notas que tocamos son D, F, Ab y C. Estas son en realidad las notas del arpegio de Dm7b5 (D de 7ma menor bemol 5). Cuando construimos un arpegio extendido 3-9 desde la 3ra de un acorde de 7ma dominante, siempre formamos un nuevo arpegio m7b5.

Una vez más, es más fácil ver esto en forma de diagrama. Aquí están adyacentes los diagramas de los arpegios 1-b7 y 3-9.

Puedes tocar el arpegio extendido 3-9 completo de la siguiente manera:

Ejemplo 10a:

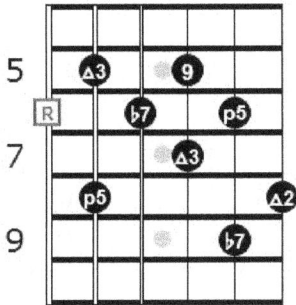

(La fundamental se incluye como un cuadrado vacío para ayudar a orientarte. No la toques en el arpegio).

Vamos a practicar esta idea como lo hicimos en el capítulo 4, y a usarla sobre un bucle de Bb7 a Eb7, apuntándole a la nota de arpegio más cercana en cada cambio de acordes. Ten en cuenta que sigo usando el arpegio normal de fundamental-b7 en el acorde Eb7.

Ejemplo 10b:

Escucha la diferencia en la melodía en el acorde Bb7 cuando utilizas el arpegio 3-9. ¿Puedes oír que es más rico y más interesante?

Una vez más, divide el diapasón en grupos de dos cuerdas y practica colocando los cambios entre el arpegio 3-9 de Bb7 y el arpegio de Eb7.

Siéntete en libertad de hacer este ejercicio sin un metrónomo al principio para que puedas estar seguro de que estás tocando los cambios correctamente. En particular, escucha cómo *se siente* la melodía cuando tocas la 9na en el pulso uno del compás de Bb7.

Mueve los grupos de dos cuerdas a través de la guitarra y poco a poco aumenta el número de cuerdas en los grupos.

Luego, vamos a construir el arpegio 3-9 para el acorde Eb7.

Al igual que antes, tocar el arpegio 3-9 tiene el efecto de anular a la fundamental (Eb), y reemplazarla por la 9na del acorde (F). En lugar de las notas Eb, G, Bb y Db, (1, 3, 5, b7), tocamos las notas G, Bb, Db y F (3, 5, b7, 9).

Estos son los diagramas de los arpegios 1-b7 y 3-9, en una octava para que puedas compararlos.

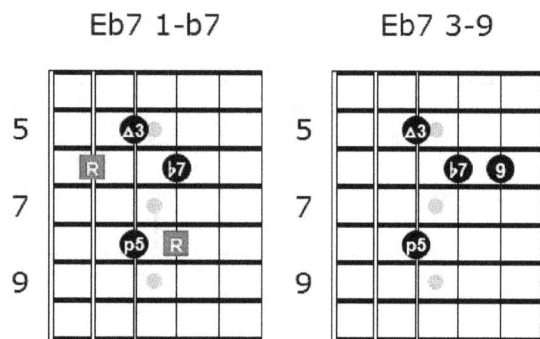

Aprende el arpegio completo extendido por todo el diapasón. Para empezar, sólo deberías concentrarte en las cuatro primeras cuerdas, ya que son las más útiles para los solos. Deja las notas graves para más adelante.

Ejemplo 10c:

Eb7 3-9

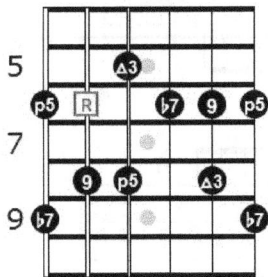

Ahora hay dos opciones a la hora de practicar este arpegio: podrías combinarlo con el arpegio de Bb7 (1-b7), o podrías combinarlo con el arpegio de Bb7 (3-9). Si estás seguro con el arpegio de Bb7 (3-9), entonces te recomiendo pasar directamente a trabajar en los dos arpegios 3-9 juntos; sin embargo, no dudes en comenzar con el arpegio de Bb7 (1-b7) si lo necesitas.

El siguiente ejercicio te muestra cómo puedes apuntarle a los tonos de arpegio tanto con el arpegio de Bb7 (3-9) como con el arpegio de Eb7 (3-9).

Ejemplo 10d:

Una vez más, practica a tocar los cambios (tratando a la 9na como un tono de arpegio), sobre grupos pequeños de cuerdas. A medida que esto te resulte más fácil, trata de escribir algunas líneas sobre los cambios de acordes utilizando los conceptos de los capítulos anteriores para guiarte. Aquí hay algunos para empezar.

Ejemplo 10e:

(Las 9nas están entre paréntesis)
Ejemplo 10f:

Ejemplo 10g:

Capítulo 11 - Solos en los compases del ocho al doce

Hemos visto con gran detalle los recursos más importantes que se utilizan en los solos de guitarra de jazz, y los aplicamos a los primeros siete compases del jazz blues. Los últimos cinco compases son armónicamente más complejos, y puede ser más difícil tocar solos sobre ellos; sin embargo, la buena noticia es que ya hemos preparado la mayor parte del terreno.

Conceptualmente, tocar solos sobre los cambios en los últimos cinco compases, es idéntico a hacer solos sobre los compases del uno al siete, sólo tenemos que aprender los arpegios y escalas adecuados para usar en estos nuevos cambios. En su forma más simple, tocar solos sobre los cambios I VI II V es sólo una cuestión de aprender los arpegios, conectar los puntos y añadir las escalas y las notas de aproximación. ¡El reto es que ahora hay más notas para elegir!

Como descubrimos en el capítulo 1, los compases finales de un jazz blues se componen de dos conjuntos de cambios I VI II V, uno lento y otro rápido.

Aunque ya hemos analizado el Bb7 en el compás el siete en gran detalle, el cambio de Bb7 a G7 es uno de los puntos armónicos más importantes del blues. Por esta razón, vamos a empezar por enfocarnos en la transición entre estos dos acordes. Esto también crea un poco de superposición que es útil en nuestros estudios y ayuda a unir las dos secciones de la progresión de blues fluidamente. Siempre me ha parecido que es más útil estudiar y enseñar I VI II V, en lugar de VI II V I.

Vamos a empezar por aprender el arpegio de G7 para usar en el compás ocho en el acorde VI.

Recuerda que la fórmula para un arpegio de 7ma dominante es 1, 3, 5, b7, así que desde la nota fundamental G obtenemos las notas G, B, D y F.

(Comienza por enfocarte exclusivamente en las notas de las cuatro primeras cuerdas, y añade las notas graves mostradas como vacías después).

Ejemplo 11a:

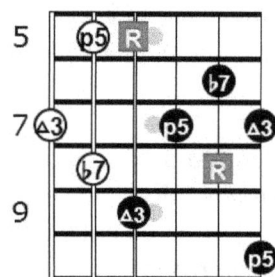

Lo más importante que hay que notar con el arpegio de G7 es que contiene la nota *B natural*. Si recuerdas del capítulo 1, el acorde VI *diatónico* en la tonalidad de Bb es *G menor*, el cual contenía las notas G, *Bb*, D y F.

Debido a que hemos cambiado la *calidad* del acorde original de G de 7ma menor a 7ma dominante (como es práctica habitual en el jazz), hemos introducido una nueva nota: B natural. Como este tono normalmente está completamente por fuera de la tonalidad de Bb, es una nota muy fuerte y articulada a la cual apuntarle en el G7 cuando tocas un solo.

Intenta pasar de Bb7 a G7, y tocar arpegios que asciendan desde la fundamental de cada acorde. Puedes practicar los siguientes ejercicios con la pista de acompañamiento 5, un bucle de:

Cuando puedas tocar desde la fundamental de cada acorde de manera ascendente y descendente, haz lo mismo desde las 3ras, 5tas y b7s como aprendiste en el capítulo 3. Recuerda pasar la mayor parte del tiempo enfocándote en los tonos guía: 3 y b7.

Aquí hay un ejemplo que desciende desde los b7s de cada acorde:

Ejemplo 11b:

Como siempre, practica la búsqueda de los cambios más cercanos posibles entre los dos acordes sobre grupos de dos cuerdas. Aquí hay una posible ruta en las dos cuerdas superiores.

Ejemplo 11c:

Tocar negras es esencial para ayudarte a memorizar el diapasón, ya que ahora estamos trabajando con una gran cantidad de información melódica.

Una de las ventajas es que los caminos de negras que aprendas aquí en los cambios lentos, se convertirán automáticamente en líneas de corcheas cuando los apliques a los cambios rápidos en los dos últimos compases. Recuerda que en este momento estamos aprendiendo el diapasón, e interiorizando el sonido de los cambios de acordes, no tratando de construir líneas complejas.

Por último, practica cambiando entre los dos acordes utilizando *únicamente* tonos guía (la 3ra y la b7 de cada acorde). Una vez más, oirás cuán poderosas son las 3ras y las b7mas en la definición del sonido de cualquier acorde.

Para empezar, incluí diagramas de los tonos guía de Bb7 y G7 para ayudarte a enfocar tu práctica en este importante sonido. Empieza por tocar sólo una nota por compás, y luego aumenta gradualmente la frecuencia de las notas.

La fundamental está incluida en los siguientes diagramas solamente para tu referencia.

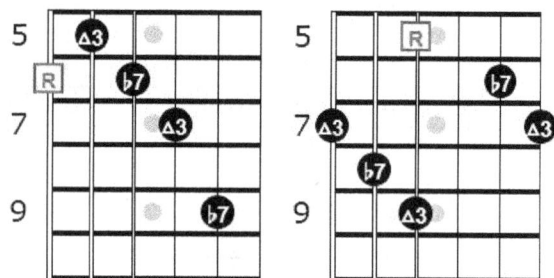

A continuación, añade algunos enfoques cromáticos simples para crear líneas de corcheas que le apunten a notas de arpegio en el pulso. Aquí están algunas ideas para ayudarte a empezar:

Ejemplo 11d:

Ejemplo 11e:

El siguiente aspecto a considerar con el acorde G7, es que funciona como un acorde de 7ma dominante móvil que se resuelve en Cm7 en el compás siguiente. Por esta razón, es aceptable (y recomendable) añadir tensión adicional al acorde mediante el uso de sustituciones de arpegio y extensiones alteradas.

En la música, no siempre tenemos que tocar el mismo arpegio del acorde (por ejemplo un arpegio de G7 sobre un acorde G7). Usando otros arpegios, podemos crear mayor interés como lo vimos en los capítulos 9 y 10.

La sustitución de arpegio más común que se toca en el acorde G7, es utilizar un arpegio de 7ma disminuido, tocado desde la 3ra del acorde. La 3ra de G7 es B natural, así que la sustitución de arpegio que tocamos es B de 7ma disminuida sobre el acorde G7.

Esta sustitución se origina en la escala de G frigia dominante, la cual aprenderemos en el siguiente capítulo.

Las notas del arpegio de G7 son G, B, D y F, y las notas de Bdim7 son B, D, F y Ab. Si reordeno las notas, verás que sólo hay una nota diferente entre los dos arpegios.

Intervalo de arpegio desde G	1	3	5	b7	b9
G7	G	B	D	F	
Bdim7		B	D	F	Ab

Al tocar el arpegio de Bdim7 sobre el acorde G7, nos hemos librado de la fundamental del acorde (G) y la reemplazamos con el b9 (Ab).

Por lo tanto la armonía que estamos implicando mediante el uso de esta sustitución es G7b9, que también se toca a menudo en la parte rítmica.

Esta idea es similar al uso del arpegio Edim7 sobre el acorde Eb7b9 implicado que aprendiste en el capítulo 9.

El b9 es un intervalo muy rico y jazzístico para tocar sobre gran parte de los acordes dominantes *funcionales*, y se desempeña especialmente bien en el contexto de un acorde dominante VI. Hay otra ventaja adicional también, porque la nueva nota Ab se convierte en un punto de resolución extra cuando el acorde G7 se mueve a Cm7 en el siguiente compás.

Puedes tocar el arpegio de Bdim7 así (de nuevo, sólo enfócate en las cuatro cuerdas superiores por ahora).

Ejemplo 11f:

G7b9 / BDim7

G7b9 / BDIM7 ARPEGGIO

A partir de ahora en este libro, siempre vamos a utilizar el arpegio de G7b9 sobre el acorde G7 en lugar del arpegio de G7. Esto no quiere decir que deberías dejar de practicar el arpegio de G7 original sobre el acorde G7; se trata simplemente de que el arpegio de G7b9 es más comúnmente utilizado y de inmediato te dará un sonido más de jazz.

Ahora podemos practicar el uso del arpegio de G7b9 en conjunto con el arpegio de Bb7. Trata al b9 (Ab) como la nueva fundamental de este arpegio. Como siempre, practica apuntándole a intervalos específicos en cada cambio de acordes, es decir, fundamental/b9, 3ras, 5tas y b7s. Recuerda que G7b9 sólo tiene una nota diferente del G7, así que ya has hecho la mayor parte de los ejercicios con notas objetivo para este cambio de acordes. Cuando puedas hacer eso, pasa a practicar de nuevo sobre grupos de cuerdas pequeños.

Aquí hay un ejemplo que le apunta a la fundamental de Bb7, y al b9 del G7.

Ejemplo 11g:

También practica la búsqueda de los caminos más cercanos entre los arpegios. Aquí hay algunos bucles de Bb7 a G7, que le apuntan a la nota adyacente más cercana en cada cambio. Date cuenta de que también utilizo notas de paso cromáticas y patrones de notas de aproximación cromáticas cuando siento que es apropiado. Como siempre en esta etapa, comienza con negras y cerciórate de asegurar bien el cambio en el pulso uno de cada compás.

Ejemplo 11h:

Trazar el cambio del acorde I al acorde VI es uno de los sonidos más característicos de un jazz blues. Las notas más fuertes a las cuales apuntar en el acorde VI son la 3ra, la b7 y la b9. Al pasar de Bb7 a G7, el b7 de G7 se puede sentir *ligeramente* más débil ya que la nota (F) también se escucha en el acorde Bb7 (es la 5ta).

Cuando estés logrando trazar con éxito el cambio de acordes en corcheas utilizando arpegios, puedes empezar a utilizar una selección apropiada de escala sobre el acorde G7(b9).

Capítulo 12 - Uso de la escala frigia dominante bebop

Una selección de escala muy común en el acorde VI7 es la escala frigia dominante bebop. Del mismo modo que la escala mixolidia bebop se forma añadiendo una 7ma natural al modo mixolidio, la escala frigia dominante bebop se forma añadiendo una 7ma natural a la escala frigia dominante.

La escala frigia dominante tiene la fórmula 1 b2 3 4 5 b6 b7. Cuando se escribe con las notas que no son de arpegio como extensiones de la fórmula es 1 b9 3 11 5 b13 b7. ¿Ves el intervalo de b9? Esta es la razón por la arpegio de Bdim7/G7b9 del capítulo anterior suena tan bien; está contenido en la escala frigia dominante.

Mira la fórmula de nuevo, el modo frigio dominante contiene todas las notas de un arpegio de 7ma dominante (1, 3, 5 y b7), más algunas excelentes extensiones (b9, 11 y b13).

La escala se puede tocar así en la guitarra:

Ejemplo 12a:

Es importante conocer esta escala, pero para nuestros propósitos, de nuevo queremos crear una escala bebop de ocho notas, que mantendrá las notas de arpegio en el pulso, al igual que con la escala mixolidia bebop en el capítulo 6. Hacemos esto añadiendo una 7ma natural entre la b7 y la fundamental.

La fórmula para la escala frigia bebop es 1 b9 3 11 5 b13 b7 7 y se toca de esta manera: (las notas "bebop" añadidas se muestran con un punto vacío).

Ejemplo 12b:

G Phrygian
Dominant Bebop

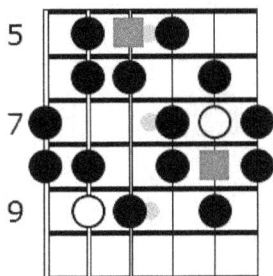

Para empezar, esta digitación puede sentirse incómoda para la escala; sin embargo, mi consejo es que te ciñas a esta. Hay otros patrones de digitación que puedes utilizar, pero la mayoría de ellos implican salirte de la posición para tocar limpiamente. Un poco de perseverancia aquí te dará grandes resultados en el corto plazo.

Ahora podemos empezar a utilizar esta escala para "unir los puntos" sobre el acorde G7. Un pequeño problema es que puede que ahora estés acostumbrado a apuntarle al b9 en el acorde G7. Si quieres utilizar la escala bebop para "ayudar" a mantener las notas de arpegio en el pulso cuando toques líneas de escalas, debes tratar a la nota fundamental como la nota de arpegio, no la b9.

La b9, como has oído, suena muy bien como nota objetivo en el acorde G7, así que una forma de trabajar con esto es apuntarle a la b9, pero luego utilizar una nota cromática (bebop) para colocar la fundamental de vuelta en el pulso. Veremos más sobre esto más adelante.

Comienza por aprender los cambios entre Bb7 y G7 sobre grupos de dos cuerdas. Yo recomendaría usar un arpegio de Bb7 en el acorde Bb7 y pasar a la escala frigia dominante bebop sobre el acorde G7, para empezar. También puedes revertir esto, para que practiques el paso de la escala bebop de Bb a un arpegio de G7b9.

Luego pasa a utilizar escalas bebop sobre ambos acordes.

Estos son algunos ejemplos de líneas melódicas construidas en las cuatro cuerdas superiores para que puedas empezar. Trabaja con estos conceptos a tu propio ritmo y escribe tantas líneas como puedas. Mantén un diario de lo que practicas y memoriza cualquiera de tus ideas favoritas.

Recuerda también ser metódico en tu práctica, comienza deliberadamente tus líneas desde la fundamental/b9, 3ra, 5ta y b7ma de cada acorde.

Ejemplo 12c:

Ejemplo 12d:

Ejemplo 12e:

Ejemplo 12f:

Ahora vamos a añadir algunas notas de paso cromáticas y patrones. Observa en el primer ejemplo cómo le apunto al b9 del G7 y luego utilizo una nota de paso cromática para poner la fundamental de vuelta en el pulso.

Ejemplo 12g:

Ejemplo 12h

En el siguiente capítulo, vamos a ver el paso del acorde G7 al acorde Cm7.

Capítulo 13 - Paso de G7 a Cm7

Los acordes finales, Cm7, F7 y Bb7 forman una ii V I en la tonalidad de Bb, de manera que, si has revisado mi libro **Cambios fundamentales en guitarra jazz: el ii V I mayor para guitarra bebop**, puedes aplicar cualquiera de los conceptos allí mostrados en estos tres acordes. Sin embargo, ten cuidado porque la progresión de blues se resuelve en un acorde de 7ma dominante, no a un acorde de 7ma mayor como es más común.

En el jazz blues, una cosa importante a tener en cuenta es que a menudo el acorde Cm7 es tratado como *igual* que el acorde F7 desde un punto de vista de *escala*. En otras palabras, "ignoramos" el Cm7 y tocamos solos como si se tratara de dos compases de F7. Vamos a ver en este concepto con más detalle más adelante pero, por ahora, tenemos que, como siempre, dominar los arpegios apropiados para esbozar los cambios de acordes tan articuladamente como sea posible.

Aquí está la forma de arpegio de Cm7. La fórmula es 1 b3 5 b7 y las notas son C Eb G y Bb.

Ejemplo 13a:

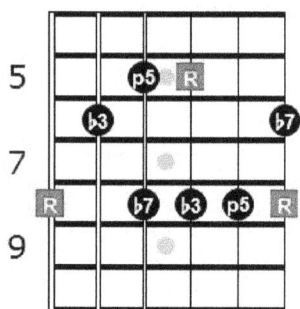

Cuando hayas memorizado este arpegio, puedes comenzar a usarlo de inmediato en conjunto con el arpegio de G7b9 del capítulo 8.

Recuerda utilizar negras e investigar las notas objetivo cambiantes entre G7b9 y Cm7 sobre la pista de acompañamiento 6:

Comienza por ascender y descender cada arpegio desde la fundamental (o b9na en G7), y luego, desde las 3ras, 5tas y b7mas.

Estos ejemplos pueden ayudarte a empezar.

Ejemplo 13b: (Ascendiendo desde la fundamental/b9).

Ejemplo 13c: (Descendiendo desde el b7).

Luego, tratar de conectar los arpegios buscando la nota objetivo más cercana entre los arpegios en el cambio de acorde. Los siguientes ejemplos muestran esta idea usando grupos de cuatro cuerdas pero, de nuevo, puede que quieras comenzar con grupos de dos cuerdas para desarrollar la confianza, la conciencia auditiva y la fluidez en el diapasón.

Ejemplo 13d:

Ejemplo 13e:

Como un desafío adicional, ¿por qué no practicar la vinculación de los acordes Bb7, G7 y Cm7 con los arpegios sobre pista de acompañamiento 7?

Para empezar, toca un solo a través de la secuencia Bb7 - G7b9 utilizando los arpegios de negras que utilizaste en el capítulo anterior. Esta vez, sin embargo, continúa hacia el acorde G7, y detente *en la primera nota* del arpegio de Cm7. Por ahora, sólo descansa en el acorde F7.

Aquí hay sólo una forma en la que podrías resolver en el primer pulso del acorde Cm7

Ejemplo 13f:

Es posible que quieras intentar el ejercicio anterior sin un metrónomo o pista de acompañamiento para que tengas tiempo para encontrar las notas correctas. Este proceso es agotador y mentalmente exigente para empezar, incluso a baja velocidad.

Siempre es mejor evitar el estrés adicional causado por un pulso constante cuando estás empezando; sin embargo, cuanto más pronto puedas practicar con un metrónomo lento, es mucho mejor.

Mira de cuántas maneras puedes resolver en el acorde Cm7 después de usar los arpegios en Bb7 y G7. Si quieres, también puedes agregar algunas notas de aproximación cromáticas en los acordes Bb7 y G7. Espero que puedas escuchar cómo este estudio detallado aporta rápidamente para tocar líneas de jazz articuladas sobre los cambios.

Volvamos a trabajar sólo sobre el cambio de G7 a Cm7. Ahora podemos añadir algunas notas de paso cromáticas y de aproximación a los arpegios. Aquí hay un par de posibilidades.

Ejemplo 13g:

Ejemplo 13h:

Cuando tenemos esos sonidos de arpegio y algunos patrones bajo control, podemos empezar a usar la escala que es apropiada para el acorde Cm7: la escala dórica bebop.

Sin embargo, como he señalado anteriormente, una opción muy común al tocar solos sobre el acorde Cm7 es utilizar la escala de F mixolidia bebop, y efectivamente ignorar el acorde Cm7. Esto se trata en el capítulo 16, pero por ahora podemos comenzar a explorar el sonido muy importante de la escala de C dórica bebop sobre el acorde II en el turnaround.

Capítulo 14 - Uso de la escala dórica bebop

La escala dórica bebop es simplemente el modo dórico (fórmula 1 2 b3 4 5 6 b7) con una 7ma natural añadida, lo que nos da la fórmula 1 2 b3 4 5 6 b7 7, y las notas C, D, Eb, F, G, A, Bb, B.

La escala dórica bebop se puede tocar en esta posición de la siguiente manera:

Ejemplo 14a:

C Dorian Bebop

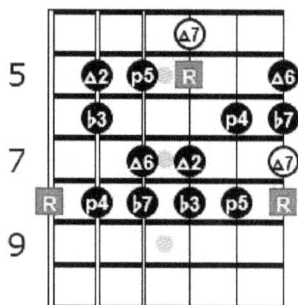

Vamos a aprender la escala de C dórica bebop usándola en combinación con el arpegio de G7b9. Toca el arpegio de G7b9 en el compás uno y apúntale a una nota de arpegio de Cm7 en el compás dos. Continúa la línea sobre el acorde Cm7 utilizando la escala bebop. Como siempre, no te sientas obligado a utilizar un metrónomo al principio con estos ejemplos.

El objetivo es simplemente aprender la escala de C dórica bebop en conjunto con el acorde G7.

Ejemplo 14b:

Ejemplo 14c:

Es probable que descubras rápidamente que tu oído te está diciendo que añadas notas de paso cromáticas para ayudar a suavizar los cambios entre los acordes. Puedes agregarlas en cualquier momento.

Explora este concepto tanto como sea posible y sé organizado en tu práctica. Recuerda comenzar deliberadamente desde la fundamental/b9, 3ra 5ta y b7ma del acorde G7. Observa cómo esto cambia la forma en que deseas hacer la transición al siguiente acorde.

También debes tener en cuenta que el objetivo de este ejercicio es aprender a cambiar *desde* G7 *a* Cm7. Como un subproducto, el ejercicio te ayudará a aprender el movimiento opuesto, pero en el blues, el acorde VI al II (G7 a Cm7) es una progresión mucho más común que II a VI (Cm7 a G7).

Menciono esto porque fácilmente podrías llegar a distraerte trabajando en el cambio de Cm7 a G7, en lugar del más importante G7 a Cm7. En el blues, el Cm7 casi siempre estará seguido por un acorde F7.

Con suerte, el párrafo anterior te ayudará a priorizar cómo gastas tu tiempo de práctica.

A continuación, comienza a usar la escala de G frigia bebop conjuntamente con la escala de C dórica bebop. Las siguientes ideas de escala sólo se extienden por dos compases. En este punto no quiero que practiques el regreso al acorde G7 después del Cm7 porque deberías estar empezando a centrarte en el siguiente acorde de la secuencia, F7.

Si te sientes valiente, avanza unas páginas para aprender el arpegio F7 y termina estas líneas en el tono de arpegio más cercano en F7 después del compás de Cm7.

Ejemplo 14d:

Ejemplo 14e:

Ejemplo 14f:

Las siguientes líneas combinan arpegios y algunas nuevas ideas cromáticas, con la escala bebop. Como siempre, el elemento más esencial es una línea melódica fuerte que se resuelva en un tono de acorde en el pulso. En casos donde no toco un tono de acorde en el pulso, es porque la nota será parte de un patrón de nota de aproximación cromática.

Ejemplo 14g:

Ejemplo 14h:

Ejemplo 14i:

Por último, construye algunas líneas que comiencen desde el acorde Bb7. Puedes tocar estas líneas sobre la pista de acompañamiento 7. Una vez más, toma un descanso en el acorde F7 en el compás cuatro; sin embargo, si sabes cómo, o confías en tus oídos, ¿por qué no tratar de caer en una nota de arpegio de F7 en el pulso uno?. En los siguientes ejemplos, he tratado de hacer las líneas más musicales mediante la adición de silencios y pensando en frases cortas.

Analiza cada línea para ver cómo he utilizado notas cromáticas, escalas bebop y arpegios. Trata de escribir tus propias líneas también.

Ejemplo 14j:

Ejemplo 14k:

Ejemplo 14l:

Puedes ver que incluso cuando las líneas están dispersas, como en ejemplo 14l, podemos confiar en la buena continuidad armónica, los enfoques cromáticos y las notas objetivo para esbozar los acordes de manera articulada.

Tocar solos en un jazz blues no se trata necesariamente de flujos constantes de corcheas bebop. Cuando vamos más lento, añadimos espacio y le apuntamos a los cambios; podemos escuchar el blues que empieza a surgir.

Practicar líneas más largas es esencial en el desarrollo de un vocabulario bebop y en el aprendizaje de cómo funcionan las escalas bebop y los adornos, pero no olvides dejar espacio y escuchar el efecto musical de las notas que estás tocando.

En el siguiente capítulo, discutiremos una serie de opciones que podemos utilizar cuando tocamos solos en el acorde F7.

Capítulo 15 - Solos en F7

Si bien podemos utilizar muchas escalas diferentes para tocar solos sobre todos los acordes en el blues, el acorde dominante tiene la más amplia variedad de opciones comunes de escalas disponibles. Una vez más, te recomiendo bastante obtener una copia de mi libro **Cambios fundamentales en guitarra jazz: el ii V I mayor para guitarra bebop,** porque explora en mucha mayor profundidad el acorde dominante, para lo cual no tengo el espacio disponible aquí.

Ya hemos estudiado algunos ejemplos que se resuelven en un tono de acorde del arpegio de F7; sin embargo, vamos a empezar por "formalizar" el voicing más conveniente del arpegio de F7 completo.

Ejemplo 15a:

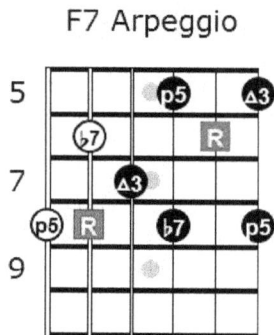

Como siempre, comienza por ignorar las notas más bajas que la fundamental en las cuerdas graves.

Memoriza este arpegio y cuando puedas tocarlo con fluidez comienza a aprenderlo en conjunto con el arpegio de Cm7. Recuerda que el acorde siguiente en la secuencia sería Bb7 así que, si quieres, puedes enlazar desde F7 hacia Bb7 en el mismo ejercicio. ¡Aunque no hay prisa! - Como siempre, aprende cada cambio posible sobre pequeños grupos de dos cuerdas utilizando solamente negras, antes de pasar a grupos de tres y de cuatro cuerdas.

Ahora ya sabes que estos arpegios son de vital importancia en la formación de un esqueleto sobre el cual podemos colgar todas nuestras ideas melódicas. Si nuestros oídos siempre pueden encontrar su camino de regreso a un tono de arpegio, no vamos a estar mal.

Utiliza la pista de acompañamiento 8 para practicar los siguientes ejemplos.

Ejemplo 15b:

Ejemplo 15c:

Ejemplo 15d: (Pista de acompañamiento 9)

Como puedes ver, hay muchas permutaciones de este ejercicio. Al dividir el diapasón en pequeños trozos, podemos ser muy minuciosos en nuestra práctica, y en cómo entrenamos nuestros oídos.

Al igual que con el acorde G7 en el capítulo 11, el acorde F7 es un dominante funcional, es decir, se está moviendo a un acorde que está a una quinta perfecta de distancia. Debido a que es un punto de tensión en la progresión de acordes, es normal añadir tensión *adicional* mediante el uso de sustituciones de arpegios y escalas alteradas.

Una vez más, un arpegio muy común para tocar es uno de 7ma disminuido desde la 3ra del acorde F7 (A), creando la misma sustitución que utilizamos sobre el acorde G7.

Construyendo el arpegio de 7ma disminuido desde la 3ra de F7 (A), tenemos las notas A, C, Eb y Gb. Cuando comparamos estas notas con las notas originales en el arpegio de F7 obtenemos:

Intervalo de arpegio desde F	1	3	5	b7	b9
F7	F	A	C	Eb	
A Dim7		A	C	Eb	Gb

Una vez más, hemos dejado por fuera la fundamental (F), y la hemos reemplazado por el b9 (Gb). Esto crea una sensación un poco más tensa sobre el acorde F7 original y añade más interés y color al solo.

Una ventaja adicional del uso de este arpegio, es que el acorde siguiente en la secuencia, Bb7 contiene la nota F. Tocando un Gb sobre el acorde F7, nos damos un punto de la resolución adicional, pues la Gb en el acorde F7 puede caer por un semitono a la F en el acorde Bb7.

Esto puede ser visto y oído fácilmente si vuelvo a escribir ejemplo 15d para utilizar el arpegio de Adim7.

Ejemplo 15e:

Usar el arpegio Dim7 sobre el acorde dominante de esta manera genera un sonido muy común y útil. El arpegio completo de Adim7 se puede tocar de la siguiente manera. *Ejemplo 15f:*

Las notas fundamentales, (F) sólo se muestran como referencia y no deben ser tocadas en este ejemplo.

Ahora repite todos los ejercicios de este capítulo, pero esta vez utiliza el arpegio de Adim7 en lugar del arpegio de F7. A pesar de que sólo hay una nota diferente, escucharás un cambio enorme en la forma en que suenan incluso estas líneas simples.

Aquí hay un ejemplo sobre tres cuerdas para darte una idea.

Ejemplo 15g:

Si comienzas a obtener este sonido con rapidez, no temas experimentar con el arpegio de G7b9 en el compás cuatro del ejercicio anterior.

Aquí hay algunos patrones de notas de aproximación para apuntarle al arpegio de F7b9 con el fin de desarrollar un sonido más bebop. *Ejemplo 15h:*

Ejemplo 15i:

Pasa un tiempo experimentando con patrones de notas de aproximación y escribe tus ideas favoritas. Puedes acelerarlas con un metrónomo para desarrollar un vocabulario bebop personalizado.

A continuación, vamos a ver algunas opciones diferentes de escalas para el acorde F7. Hay tres opciones comunes:

La escala de F mixolidia bebop.

La escala de F alterada.

La escala de F simétrica disminuida.

Desafortunadamente no hay suficiente espacio para entrar en gran detalle en cada una de estas tres escalas. La escala simétrica puede ser un poco confusa cuando apenas se está empezando, así que en este libro vamos a comenzar por estudiar la escala de F mixolidia bebop y miraremos la escala alterada como una alternativa posible.

Capítulo 16 - La escala de F mixolidia bebop

La escala de F mixolidia bebop funciona de la misma manera que las escalas de Bb y Eb bebop. Es una escala mixolidia con una 7ma natural añadida, lo que nos da la fórmula 1 2 3 4 5 6 b7 7. La escala de F mixolidia bebop contiene las notas F, G, A, Bb, C, D, Eb, E.

Se puede tocar en la guitarra de la siguiente manera:

Ejemplo 16a:

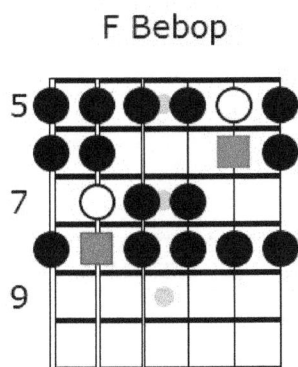

Las notas bebop añadidas se muestran mediante círculos vacíos.

Cuando hayas memorizado la escala, lentamente intenta unos pocos ejemplos que pasen desde el arpegio de Cm7 hacia la escala F bebop, antes de usar escalas bebop en ambos acordes. Los siguientes ejemplos se resuelven en una nota de arpegio de Bb7. Puedes utilizar la pista de acompañamiento 8 para practicar las siguientes ideas. *Ejemplo 16b:*

Ejemplo 16c:

Ejemplo 16d:

Ejemplo 16e:

Escribe tus propias líneas de corcheas que le apunten a notas de arpegio en el cambio, y asegúrate de cruzar la barra del compás hacia el acorde Bb7.

Ya mencioné que la escala de F bebop se puede utilizar sobre el compás de F7 *y* el compás de Cm7 anterior. De hecho, las notas de arpegio de F7 suenan bastante bien sobre el acorde Cm7 también. Por esta razón, a menudo se oye a los músicos de jazz "ignorando" el acorde Cm7 y tratándolo como un compás adicional de F7.

Esto funciona especialmente bien a altas velocidades, y especialmente en los cambios rápidos en los últimos dos compases, donde el tener que aplicar cuatro escalas en sólo ocho pulsos puede resultar demasiado intenso para que sea fácilmente musical.

Vamos a discutir la forma de abordar los cambios rápidos más adelante pero, por ahora, aquí hay algunas líneas que utilizan la escala de F bebop sobre los acordes de Cm7 y F7. Aplica ingeniería inversa a las líneas para ver si estoy tocando notas del arpegio de F7, o del arpegio de Cm7 sobre el acorde Cm7. Estas líneas sonarán mejor a velocidades más altas.

Ejemplo 16f:

Ejemplo 16g:

Por último, podemos añadir más ideas cromáticas y extender las líneas hasta el compás final de G7b9, donde vamos a utilizar la escala de G frigia dominante combinada con el arpegio de Bdim7.

Todas las siguientes líneas se han construido a partir de los conceptos melódicos tratados en el libro hasta el momento. *Ejemplo 16h:*

Ejemplo 16i:

* A.N.P. = patrón de nota de aproximación (approach note pattern).

No olvides que no debes tocar líneas largas de corcheas.

Ejemplo 16j:

Una estrategia para la práctica que puedes utilizar con el fin de trabajar en las longitudes de tus frases, es comenzar tu línea en un pulso específico de cada compás. Por ejemplo, toca desde el pulso dos, tres o cuatro. También puedes iniciar en un pulso inacentuado comenzando la línea con una nota de aproximación cromática o un tono de escala. El siguiente ejemplo comienza en el pulso inacentuado del pulso dos.

Ejemplo 16k:

Por supuesto, no tienes que comenzar en el pulso dos de cada compás, y siempre puedes omitir compases completos.

Trata de experimentar mediante el uso de diferentes longitudes de frase; trata con frases de cuatro, cinco, seis o siete notas que crucen las barras de compás

Por último, recuerda que los cambios en el jazz blues son en realidad:

y no la secuencia que comienza con Cm7 mostrada arriba. Deberías comenzar a practicar con esta secuencia de acordes real ahora, la cual puedes escuchar en pista de acompañamiento 10. El trabajo que has hecho hasta ahora es inmediatamente transferible a esta progresión.

Capítulo 17 - La escala de F alterada

La escala de F alterada es una de los recursos melódicos más disonantes y "salidos de contexto" que los músicos de jazz utilizan comúnmente. Se puede ver como un arpegio de 7ma dominante con *todas* las alteraciones cromáticas posibles en un acorde de 7ma dominante. Lo que es muy importante tener en cuenta, es que esta escala *no* contiene una 5ta natural. Esto le da a la escala alterada una sensación tensa y sin resolver.

Yo podría (y probablemente lo haré) escribir un libro entero sobre las aplicaciones de la escala alterada. Es el séptimo modo de la escala menor melódica, y debido a esto se puede tratar de una manera muy diferente que los modos "regulares" de la escala mayor. Por ahora, vamos a ver algunos aspectos puramente de escalas para abordar el uso de este importante sonido.

La fórmula de la escala alterada puede ser escrita de maneras diferentes. Una forma clara es:
1 b9 #9 3 b5 #5 b7.

Las notas de la escala de F alterada son F, Gb, G#, A, Cb, C#, Eb.

Como se ha mencionado, la escala contiene el 1, 3 y b7 del acorde de 7ma dominante, pero con todas las alteraciones posibles; b9, #9, b5 y #5. (A menudo verás el intervalo de #5 descrito por su enarmónico *b13*).

Como puedes ver, no hay una 5ta natural en la escala.

Los intervalos se ubican en el diapasón de esta manera:

Ejemplo 17a:

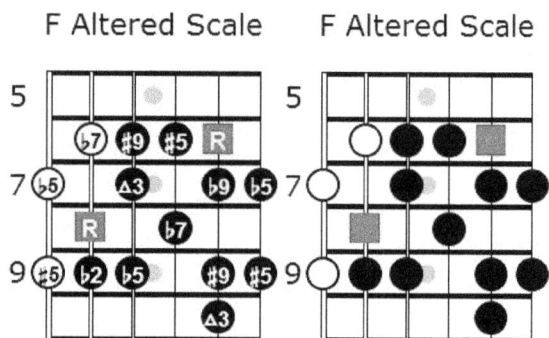

He incluido dos diagramas de diapasón; uno con los intervalos de la escala incluidos, y otro sin ellos para una fácil lectura.

Es "técnicamente" más correcto usar la escala alterada cuando un acorde dominante *alterado* se está tocando en la armonía, en concreto uno sin una 5ta natural o 9na natural; sin embargo, en una situación en vivo, el guitarrista rítmico o el pianista menudo van a tocar a voluntad (ad lib) las alteraciones cromáticas a los acordes dominantes, por lo que es difícil saber exactamente cuáles acordes serán interpretados por debajo de tu solo.

También es cierto que debido a que el acorde V7 (F7) es uno de los puntos de tensión más fuertes en la progresión del blues, es perfectamente aceptable añadir tensión adicional mediante el uso de la escala alterada en este punto, incluso si algunas de las notas chocan con la armonía subyacente.

El secreto para hacer que la escala alterada funcione, es ser muy claro acerca del punto de resolución cuando regreses al acorde I (Bb7). El uso de figuras de tríadas y arpegios derivados de la escala alterada es también un enfoque muy fuerte.

Para empezar, trata de tocar una figura de escala que se resuelva en un tono de acorde de Bb7. Desde el principio, es posible que descubras que necesitas añadir notas de paso cromáticas para ayudar a esta transición fluida. Toca negras sobre la siguiente progresión, ciñéndote a grupos de dos cuerdas o de tres cuerdas. Apúntale a los tonos de arpegio en el acorde Bb7, pero no te preocupes demasiado por tocar las notas de arpegio en el acorde F7 alterado. Utiliza la pista de acompañamiento 11:

Aquí hay algunas ideas tocadas en grupos de dos cuerdas para que puedas empezar.

Ejemplo 17b:

Ejemplo 17c:

Estos ejercicios normalmente requieren de mucho tiempo para absorberse; en parte, porque las notas son nuevas, pero también porque muchas de las disonancias que se crean son un gusto adquirido. Sigue tocando junto con la pista de acompañamiento y permite que tus oídos se acostumbren a estos nuevos colores.

A continuación, vamos a añadir el acorde ii; Cm7. Trata de tocar una nota de arpegio en el primer pulso de los compases de Cm7 y Bb7, y simplemente toca la nota más cercana disponible de la escala de F alterada.

Utiliza la pista de acompañamiento 9 para practicar estas ideas. Por ahora, toma un descanso en el acorde G7b9.

Los siguientes ejemplos utilizan grupos de tres cuerdas, aunque es posible que quieras comenzar con un grupo de dos cuerdas para construir confianza y fluidez.

Ejemplo 17d:

Ejemplo 17e:

Luego, vamos a añadir la escala de G frigia dominante, una vez más, con el objetivo de mantener sus tonos de acorde en el pulso.

En el siguiente ejemplo, utilizo el grupo de tres cuerdas en las cuerdas 4ta, 3ra y 2da. Puedes comenzar con grupos de dos cuerdas si es necesario.

Ejemplo 17f:

Ejemplo 17g:

Este proceso puede parecer largo, pero lo bueno es que sólo tienes que hacerlo una vez. De hecho, debido al nivel de detalle en el que estudias el diapasón, en realidad es mucho más rápido tomar este tipo de enfoque. La meta es la fluidez total en el diapasón y la conciencia auditiva en esta posición.

Vamos a hacer algunas líneas de corcheas a partir de la escala de F alterada. En los siguientes ejemplos utilizo notas de aproximación cromáticas cuando necesito.

Observa que también he vuelto de nuevo a la progresión original de I VI II V de la pista de acompañamiento 10 de blues.

Ejemplo 17h:

Ejemplo 17i:

Ejemplo 17j:

Estos ejemplos te servirán para iniciar, pero la escala alterada puede ser difícil de usar si aún no has pasado un tiempo desarrollando tus habilidades de arpegio sobre los otros acordes. Observa que la escala alterada contiene el arpegio de Adim7 (F7b9) que utilizamos en el capítulo 15. Este es un sonido muy fuerte y un buen punto de partida para toda improvisación.

Por encima de todo, ve despacio. Asegurar las notas al tocar negras precisas a 40bpm te llevará a tocar líneas complejas de jazz con mayor rapidez que apresurarse con corcheas rápidas a 180bpm. En esta etapa, deberías estar pensando en este enfoque como un gran juego de punto a punto; conectando los "puntos" de arpegios con las "líneas" correctas de escalas y notas de aproximación.

El sonido de F alterado es muy utilizado y lo oirás muy a menudo. El secreto es encontrar siempre un buen punto de resolución en el compás siguiente. Recuerda apuntarle siempre a los tonos de acorde en el pulso, fuera del acorde F7 (donde las notas alteradas suenan muy bien). A medida que vayas mejorando, te descubrirás tomando más libertades, y tocando tonos de escala e incluso alteraciones cromáticas en el pulso. Tu capacidad para hacer esto depende completamente de tus oídos, y de la forma en que seas capaz de resolver una tensión.

Ve despacio y disfruta del viaje.

Capítulo 18 - Práctica de los cambios rápidos

Los últimos dos compases en un jazz blues son una repetición directa de los cuatro compases anteriores. Se tocan los mismos cuatro acordes, sin embargo, esta vez se tocan dos acordes por compás.

La secuencia es:

Esto se puede oír en la pista de acompañamiento 12.

La buena noticia es que ya has hecho la mayor parte de la preparación y las bases para esta secuencia debido al estudio detallado en los capítulos anteriores.

A medida que cada uno de estos cambios de acordes se ha presentado, el punto de partida para tocar los solos era tocar siempre líneas de negras.

Ahora que cada acorde sólo dura dos pulsos, simplemente puedes duplicar la velocidad de las líneas de negras para crear corcheas instantáneamente. Echa un vistazo al *ejemplo 18a:*

Al duplicar la velocidad de las notas (reduciendo todo a la mitad), creo instantáneamente una línea "bebop" de corcheas.

Ejemplo 18b:

Esto demuestra que una buena manera de abordar estos cambios más rápidos es pensar en *el tiempo reducido a la mitad*.

Para construir una forma de abordar los solos sobre cambios rápidos, los siguientes ejercicios son muy útiles.

En primer lugar, sigue con los arpegios, (puedes utilizar arpegios 7b9 si quieres), y simplemente toca una nota por cada acorde.

En los siguientes ejemplos, muestro sólo una posible "ruta" en torno a los cambios, pero hay cientos. Pasa un tiempo afianzando esta sección y encontrando tantos caminos como te sea posible. Esto servirá de entrenamiento tanto para tus oídos como para tu conocimiento del diapasón.

Comienza apuntándole a tonos guía (3ras y 7mas).

Ejemplo 18c: (sólo 3ras).

Ejemplo 18d: (sólo 7mas).

Ejemplo 18e: (3ras y 7mas).

Cuando estés seguro de que puedes tocar *sólo* 3ras, *sólo* 7mas, y *cualquier combinación* de 3ras y 7mas en ambas octavas, pasa a apuntarle a la nota más cercana disponible en el siguiente arpegio.

Ejemplo 18f:

Ejemplo 18g:

A continuación, pasar a tocar dos notas por cada acorde y repite el proceso.

Ejemplo 18h: (tonos guía).

Ejemplo 18i: (nota más cercana).

Ahora podemos añadir en una nota de aproximación cromática un semitono por debajo de cada tono de arpegio:

Ejemplo 18j:

Vamos a trabajar con el objetivo de tocar líneas de corcheas mediante la adición de notas más rápidas en los pulsos dos y cuatro.

Ejemplo 18k:

El ejemplo 18k, en particular, es un ejercicio vital cuando se está aprendiendo a tocar notas objetivo sobre cambios rápidos o, de hecho, cualquier cambio. Al forzarte a tocar la escala-acorde correcto en un ritmo fijo, y a tocar una nota de arpegio en cada cambio de acorde, te estás obligando a ti mismo a pensar y a procesar la información muy rápidamente y con precisión.

La velocidad *no* es un problema cuando intentas primero estos ejercicios, así que configura tu metrónomo en 40bpm y mira por cuánto tiempo puedes tocar ideas basadas en el ejemplo 18k. La meta es tocar notas objetivo en los pulsos uno y tres, y rellenar los pulsos dos y cuatro con corcheas tomadas de la escala correcta o con notas de aproximación cromáticas.

De hecho, si divides este ejercicio en dos partes, una en la que *sólo* tocas notas de escala en los pulsos dos y cuatro, y una donde *sólo* tocas patrones de notas de aproximación cromáticas en los pulsos dos y cuatro obtendrás enormes beneficios de este simple concepto.

Después de un rato, siéntete en libertad de cambiar los ritmos de las notas que tocas en los pulsos dos y cuatro. Podrías utilizar ideas de tresillos o de semicorcheas.

Este ejercicio consolidará el sonido de las notas objetivo en tus oídos y te permitirá trabajar bajo presión, incluso en tempos rápidos.
La clave de estos ejercicios es obligarte a permanecer con exactamente el mismo ritmo durante todo el proceso.

Ahora vamos a ver un par de líneas que están construidas sólo con corcheas.

Ejemplo 18l:

Ejemplo 18m:

Ejemplo 18n:

Como siempre, aplica "ingeniería inversa" a estas líneas para ver cómo he abordado la colocación de cada nota de arpegio en el pulso.

Pasa un tiempo escribiendo tus propias líneas rápidas de I VI II V en corcheas.

Capítulo 19 - Escalas pentatónicas

Un libro de guitarra de blues no estaría completo sin una sección sobre el uso de las escalas pentatónicas. A pesar de que dije en la introducción que yo esperaría que cualquier lector de este libro tuviera una idea suficiente sobre el uso de la escala pentatónica menor, la forma en que se utiliza la escala pentatónica en un jazz blues, contrario a un "blues" blues, puede ser bastante diferente.

Por ejemplo, muchos grandes intérpretes, como George Benson, usan mucho más la escala de blues pentatónica *mayor* que la escala pentatónica menor. Por supuesto, la pentatónica menor también se utiliza, sin embargo, una gran parte del sonido del jazz proviene de la combinación de la escala de blues mayor con los enfoques de tonos de acordes que hemos estudiado en este libro.

Aquí hay una manera de tocar la escala de blues de B pentatónica mayor:

Ejemplo 19a:

Con suerte reconocerás que esta escala es idéntica a la escala de blues de G pentatónica menor.

La he escrito un poco fuera de su posición en relación con el resto del libro, pero esto es con intención, porque la mayoría de los guitarristas se sienten mucho más cómodos tocando la escala de esta manera.

En primer lugar, trata de usar la escala de blues de Bb mayor sobre toda la progresión de blues, y toca en frases basadas en corcheas. Evita aplicar bending a las cuerdas, así como el vibrato que es sinónimo del blues "Texas style".

Aquí hay algunas líneas pentatónicas de jazz para empezar. Cuando las estés tocando, *piensa* en G pentatónica menor:

Ejemplo 19b:

Ejemplo 19c:

Ejemplo 19d:

Lo que encontrarás mediante la experimentación, es que la escala de blues de Bb mayor tiende a funcionar sobre algunas zonas de los jazz blues mejor que en otras. Con la colocación inteligente de tus notas (piensa en apuntarle a los tonos de arpegio), tú *puedes* hacer que funcione en casi todas partes, pero si no sucede rápidamente, trata de cambiar a la escala (de blues) de Bb pentatónica menor donde encuentres dificultades.

Puede que ya sepas que puedes mover cualquier lick de escala de blues de Bb mayor tres trastes hacia arriba y se convertirá instantáneamente en una idea de blues de Bb menor. Esta puede ser una gran oportunidad cuando pasamos de Bb7 a Eb7 en el compás dos o el compás cinco.

Ejemplo 19e:

La tendencia natural de la mayoría de los intérpretes, es a usar las escalas mayores y menores de blues en los primeros siete compases del jazz blues, y cambiar de nuevo a tocar solos "bebop" en tonos de acordes en los últimos cinco. Esta es una muy buena estrategia para empezar y, sin duda, deberías pasar un tiempo explorándola como un esquema para tocar solos; sin embargo, también es muy útil practicar lo inverso también.

Si practicas en exceso el "blues" en los primeros siete compases y el "bebop" en los siguientes cinco, es fácil desarrollar un solo de jazz blues muy segmentado que no necesariamente esté cohesionado como una declaración musical completa.

Para contrarrestar esto, te recomiendo que pases tiempo practicando líneas de corcheas en tonos de acordes en la sección de Bb7 a Eb7 y usando las ideas de escala de blues en los últimos cinco compases.

Ambos enfoques empezarán a combinarse de forma natural, y pronto te descubrirás tocando ideas basadas en pentatónicas que también le apuntan a tonos de acordes para articular los cambios, dondequiera que te encuentres en la progresión.

Para obtener más información acerca de los enfoques pentatónicos en los solos de blues, te sugiero revisar mis libros *La guía completa para tocar guitarra blues - Libro 2: fraseo melódico*, y el *Libro 3: Más allá de las pentatónicas*, los cuales están disponibles en Amazon y en Fundamental-Changes.com

Aunque ambos libros fueron escritos principalmente para la interpretación del blues tradicional "Texas style", todas las ideas conceptuales y de fraseo se pueden adaptar fácilmente al jazz blues.

Nota: la forma de escala que di para la escala de blues de Bb pentatónica mayor anteriormente, claramente no está en la misma posición del diapasón que todos los demás diagramas de escalas en este libro. Esto se debe a que la mayoría de los guitarristas reconocen y tocan bien esta forma al instante. Si quieres utilizar la escala de blues de Bb mayor en la misma posición que todas las otras ideas en este libro, puedes utilizar esta forma:

Bb Major
Pentatonic Blues

Capítulo 20 - Ejemplos de solos de jazz blues

Los dos siguientes estribillos son un solo improvisado, utilizando muchas de las técnicas y enfoques de este libro. Puedes escucharlos en el *ejemplo 20a:*

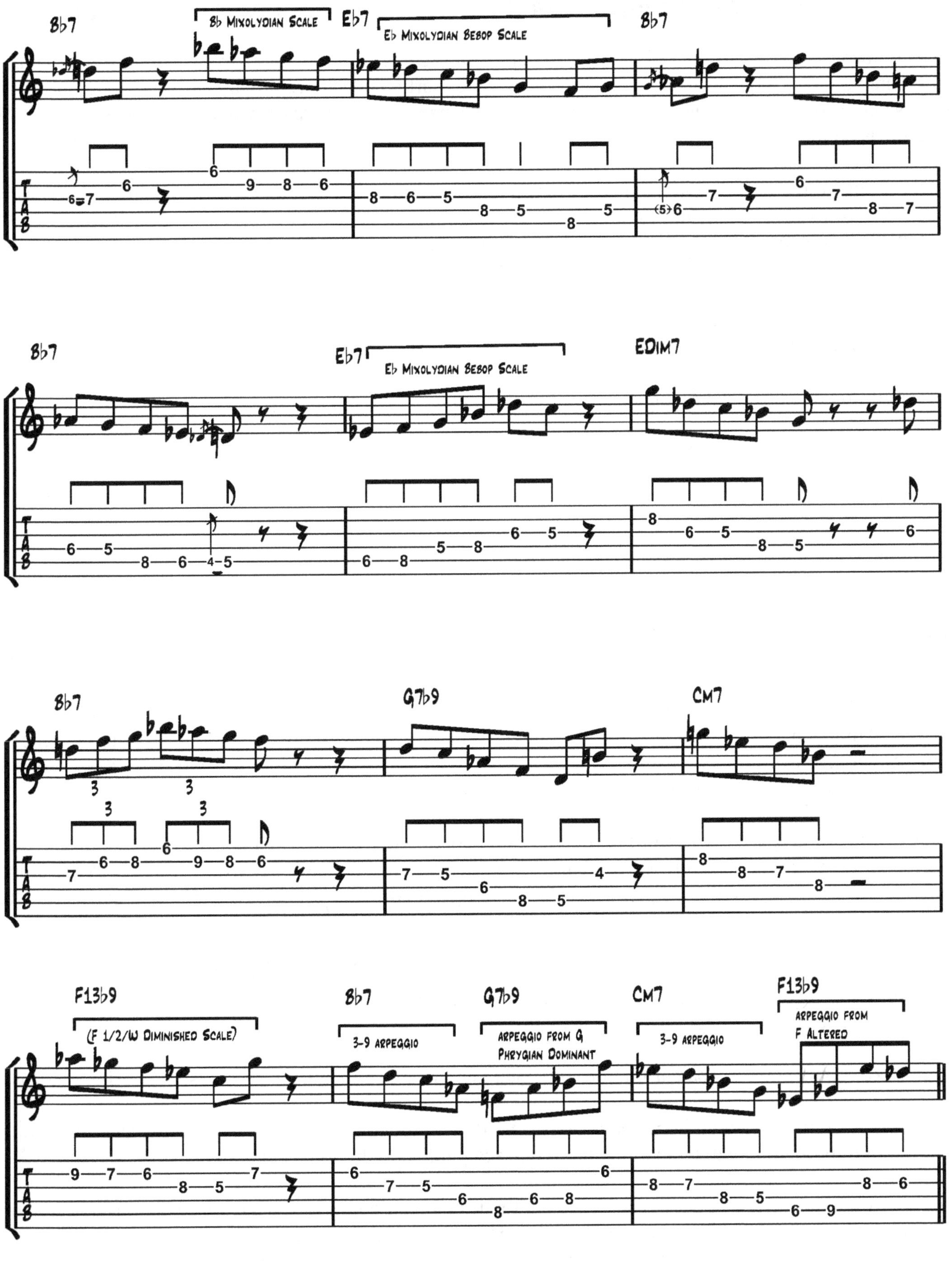
Bb7
Bb Mixolydian Scale
Eb7
Eb Mixolydian Bebop Scale
Bb7
Bb7
Eb7
Eb Mixolydian Bebop Scale
EDIM7
Bb7
G7b9
CM7
F13b9
(F 1/2/W Diminished Scale)
Bb7
3-9 arpeggio
G7b9
arpeggio from G Phrygian Dominant
CM7
3-9 arpeggio
F13b9
arpeggio from F Altered

Conclusiones, sugerencias para la práctica y estudio adicional

En este libro traté de incluir tantas ideas y conceptos musicales como fuera posible. Aquí hay, sin duda, lo suficiente para que toques solos de manera competente y articulada sobre un jazz blues. Espero que ahora puedas ver el enfoque diferente que toma un músico de jazz cuando aborda un blues, y empieces a incorporar estas ideas en tu propia interpretación.

La clave del éxito siempre es la práctica enfocada y estructurada. Yo recomendaría que siempre trabajes en dos o tres conceptos simultáneamente. Practica cada uno por veinte minutos enfocados, luego toma un descanso de diez minutos (sal de la habitación, camina) y luego concéntrate en una parte completamente diferente del blues. Una sesión de práctica típica puede verse así:

20 minutos: tocar un ritmo de acompañamiento en las cuatro cuerdas superiores con un metrónomo a 40 bpm. Aumenta la velocidad si ganas fluidez.

10 minutos de descanso: sal fuera, ve con la familia, toma agua.

20 minutos: ejercicios de negras sobre una sección rápida de I VI II V a 50 bpm.

10 minutos: estiramiento.

20 minutos: escribe líneas de la escala de blues de Bb mayor para el acorde Bb7. 90 bpm.

Lo importante es tomar tu descanso *lejos de la guitarra y de la habitación en la que practicas.* Mantén un diario de tu práctica y pasa un minuto después de tu sesión de práctica escribiendo lo que lograste y dónde comenzarás mañana.

Otro punto importante es que, incluso si no te sientes genial acerca de tu sesión de práctica de 20 minutos: detente. Toma un descanso y abórdala de nuevo mañana. Te sorprenderá lo mucho que se procesa inconscientemente en tus descansos. *¡Mantente alejado de la computadora!* No Facebook, correos electrónicos, o Twitter por favor. ¡También apaga el teléfono cuando practiques!

Practica con ambas pistas de acompañamiento, *y* sólo con el metrónomo. Cuando estés trabajando con sólo el clic, deberías ser capaz de oír los cambios de acordes siendo implicados por tu línea de solo melódico. Trata de tocar a través de una progresión de blues completa con sólo el clic, y fíjate en si puedes escuchar los cambios.

Si bien, he tratado de meter tanta información como fuera posible en este libro (¡12 compases de música - 104 páginas!), creo que hay algunas áreas que se podrían ampliar. De esas, las dos más importantes son sustituciones de acorde/arpegio, y el fraseo de guitarra de jazz.

Ambos conceptos podrían abarcar un libro por cada uno, así que contáctame si te gustaría verlos escritos.

Tengo planes futuros para un libro dedicado al I VI II V de todos modos, y la mayoría de las sustituciones de arpegio importantes se tratarán allí. Espero que sea publicado durante el año 2017.

Una nota final: lo mejor que puedes hacer, con el fin de entender cómo se aplican los conceptos de este libro musicalmente, es transcribir y analizar los solos de los grandes músicos de jazz. Escucha tus intérpretes favoritos y procesa sus ideas. Analízalas antes de incorporarlas a tu propia interpretación.